澎湖民間傳說故事（上）

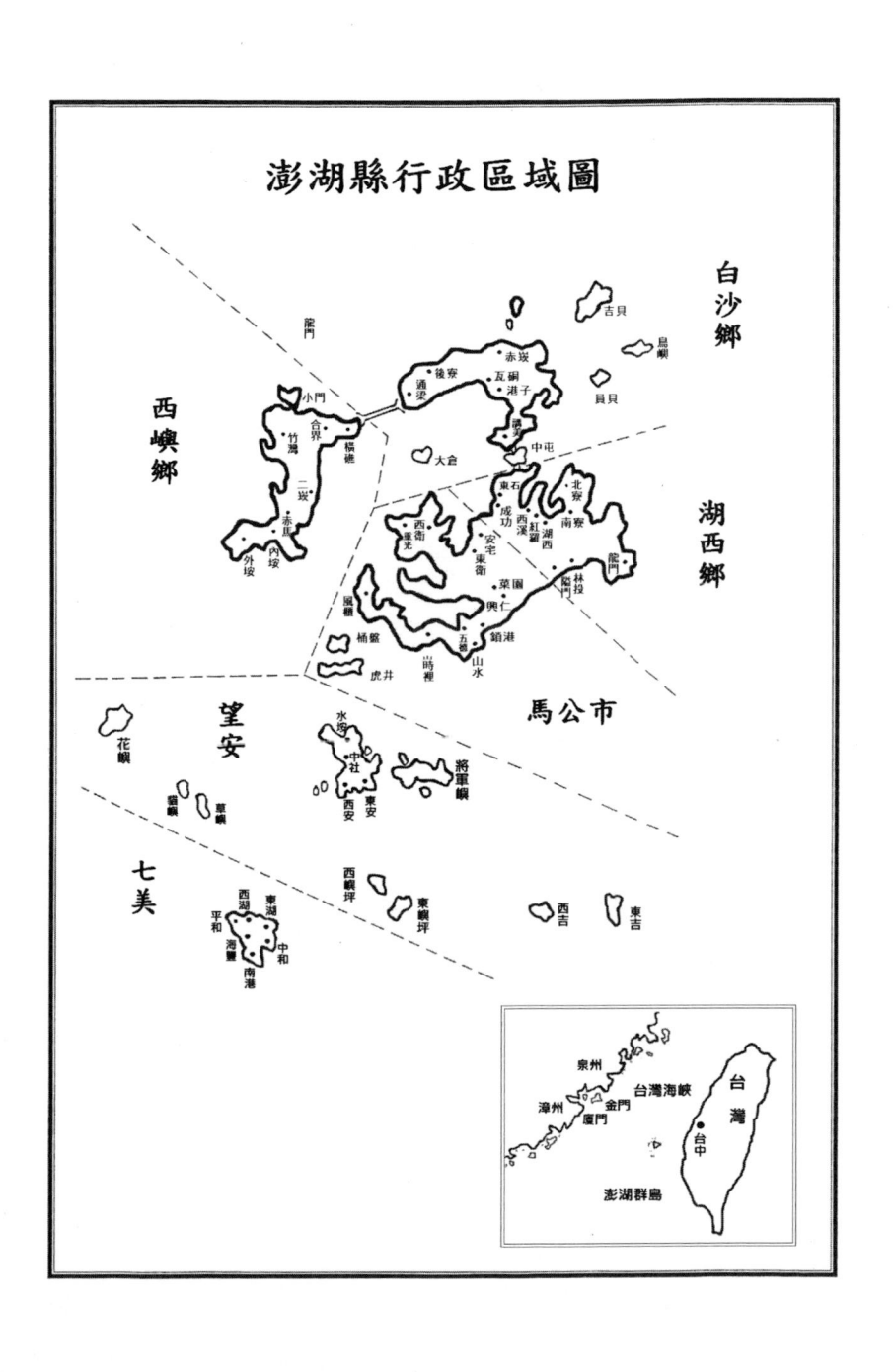

澎湖民間傳說故事（上）　目次

貳、地方傳說

一、地名傳說

三、洞穴・溝・谷・井的傳說

四、碑・塔・塚的傳說及其他

編者序

　　光陰如箭歲月如梭，來澎轉瞬已二十六年，民國八十六至九十年間，筆者因撰寫博士論文的需求，指導國文課的學生走出戶外採集民間故事，並承諾要將他們採集的故事出版成書作爲畢業紀念。八十六年的採集作品，已於八十七年交由聖環出版社出版爲《澎湖民間傳說》一書。之後的採集作品，因忙於論文寫作而延宕下來，筆者跟學生說，等我寫完論文，休息一陣子後，一定會幫你們出版的。

　　唉！只能說人的惰性真的很可怕，寫完論文後的幾年，根本不想碰這些東西。之後幾次整理，因爲不想辜負學生的心意，同時也明白知道，學生的錄音帶錄了很多東西，但學生往往只整理一部份出來當報告，應該把全部的錄音帶重聽一遍。可是小山般的錄音帶，真的是很磨人的耐性及時間，幾番做做停停，不知何時，錄音機壞了、錄音帶放不出聲音，我知道真的不能再拖了，於是匆匆收尾，完成了這本書。以下是對這本書的一些說明：

　　一、本書內容主要是民國八十六至九十年，澎湖海事管理專科學校一日夜間部及八十九年護理專班的學生採集作品。爲了讓每個學生的作品都能被收錄，同時也配合筆者近

一 本校因多次升格而有以下幾個校名：最早是「國立高雄海專澎湖分部」，之後是「澎湖海事管理專科學校」，因此早期澎湖人多稱本校「海專」。之後依序爲「澎湖技術學院」、「澎湖科技大學」。

年研究、授課的需要，本書內容主要在求其多、求其全，至於內容是否重複或「不算故事」，不是首要考慮。故事中較長、較完整的，筆者大概都有聽過錄音帶重新寫定，但並不是全部。其餘大約就是順一下文字，加註或案語說明。

二、本書共收澎湖民間傳說故事四百八十則，分為五大類，包含：人物傳說一〇四則、地方傳說一五二則、宮廟神怪傳說一六六則、風水傳說二十八則、其他傳說故事三十則、附錄（習俗、歌謠、諺語、謎語）若干。

三、八十五年初次指導學生採集故事，由於沒經驗、未特別禁止，學生往往就近訪問學校的學長姊或國高中的同學，因此本書有一些很年輕的講述者。之後在「儘量訪問老人家，越老越好。」的要求下，講述者的年齡普遍超過五十歲，教育程度多在小學或識字（受日本教育）之間，講述的內容具有地方特色。

四、澎湖不大、馬公更小，學生會去採錄的地方有限。加上彼時本校規模甚小，全校學生幾乎都住校，若是有哪組學生回來大肆宣傳，在某處採錄到好故事或受到熱情招待，很快便有其他組學生再度造訪。因此常有同一講述者，在不同時間，被不同組別學生訪問。就曾聽說馬公城隍廟的廟祝，從一開始的熱情招待學生，到後來一聽到海專學生來了，馬上轉身躲起來之事。

五、指導教授金榮華先生，為協助筆者的論文寫作，曾於八十六、八十七兩年，帶領文化大學中研所的師生，到澎湖採集民間故事。這二次的講述者人選，部分是筆者從學生

報告中，挑出善於講述之人接受採錄。這些講述者往往會重複講述故事，因此本書有部分故事與金師《澎湖縣民間故事》雷同。這也是同一講述者，在不同時間，重複講述同一故事的結果。承蒙金師同意，這兩次採集的故事，未能收入《澎湖縣民間故事》之遺珠，亦部分收入本書。

　　六、筆者有設計採錄登錄表，做為學生登錄講述者資料的依據，但學生通常未仔細填寫，因此講述者資料並不完整。每則故事後所附的講述者資料，若完整的話依序為：「姓名、年齡、職業、學歷、講述語言、與採錄者關係、故事來源。」

　　七、八十七年出版的《澎湖民間傳說》，當時為自費出版，發行量並不多，至今二十餘年，已經絕版，加上匆促出版，多有疏漏。所以這次出版，也把舊書的內容一併收進來，同時將誤謬修正。所以本書可說是目前所見，搜羅最完整的澎湖民間故事集。除了學生採錄的作品，還有幾則筆者後來陸續聽到的一些故事。

　　八、本書非學術論著，所引資料不特別加註出處。

　　二十六年、四分之一個世紀，人生最精華的歲月，就這樣給了澎湖。很慶幸來澎湖走這一遭，感謝上天，感恩所有一切，謝謝所有曾經幫助過我的人。

姜佩君寫於馬公自宅

9

人物傳說

一、蔡進士的傳說

蔡進士簡介

蔡進士名蔡廷蘭，族名崇文，字香祖，學者稱秋園先生，為澎湖地區唯一的進士。蔡進士生於嘉慶六年（西元一八〇一年）澎湖廳林投澳雙頭跨社（亦作雙頭掛、今馬公市興仁里）。十三歲進秀才，有「七歲能文澎未有，十三入泮台稀聞」之稱。

道光十二年，澎大饑，福建興泉永道周凱奉令勘賑，廷蘭賦〈請急賑歌〉謁見，大受稱讚。周臨行贈詩二首，詩內有「海外英才今見之，知君始可與言詩」之句。並錄「讀書作文要訣」一卷，題名「香祖筆談」相贈。此是廷蘭求學階段中，功名出身的轉捩點。

道光十五年，赴福州省城鄉試，回澎時，遭颶風飄抵越南，後經陸路返閩。回國後，就所見所聞撰成《海南雜著》一書。道光十六年，三十六歲，被舉為丁酉科拔貢，同年考中第三十一名舉人。道光二十四年，四十四歲，進京會試，中式孫毓溎榜二百零九名，殿試為二甲六十一名。

高中後返鄉祭祖，並在雙頭跨舊宅旁建「進士第」；並赴媽祖廟後殿清風閣上掛「功庇斯文」匾。後任江西峽江縣、豐城縣知縣、南昌水利同知等。咸豐九年（一八五九年），於江西任內病故，享年五十九歲。

編輯說明：

　　蔡進士、張百萬的傳說很多，有人從生到死，細細講述、有人大略帶過、有人擇片段講述。由於二人故事數量甚多，若是大致完整講述其一生者，放在第一部份的「生平傳說」，其餘則依講述重點，略分幾類，以利閱讀。

蔡進士的生平傳說

（一）

　　蔡進士的父親是私塾老師，蔡進士出生那天，照例有學生來「讀早書」[一]。結果學生看到老師家裡紅光萬丈，便急急忙忙的撞門叫：「老師！失火了！失火了！」老師走出來問：「怎麼了？」「老師！快一點！你家失火了！」「亂講！那有？」「有啦有啦！你的屋子紅通通的！」「不是啦！是你師娘在生孩子啦！」話才說完，孩子就出生了。出生後要取名字，他想起孩子出生時有學生來撞門，就取其音，用比較文雅的詞來表達，就把孩子取名為「崇文」。

　　蔡進士從小就聰明。有一年，一位學官到台南主持考試，途經澎湖，心想：「不知澎湖此地文風如何？」便到澎湖巡視。按例，學官一到某地巡視，便會「放告」，要求此地有功名的人來晉見。這位學官也想趁此機會，挑幾位有潛力的學生進文石書院讀書。蔡進士的父親聽到這個消息就想：「孩子能進書院讀書，一定比跟著我讀書好。」

　　那時蔡進士還很小，所以父親就背著他去見學官。到的時候人很多，學官抬頭一看：「喲！這麼小的孩子都來了。」就想試試他的反應如何？於是指著他說：「子，役父做馬。」蔡進士一聽，毫不猶豫的回答：「父，望子成龍」學官一聽，

一　據講述者的說明：舊時私塾學生清早便需至私塾復習功課，謂之「讀早書」，讀完早書方能回家用餐，然後再來私塾上新的課程。

這孩子反應真好，就把他接到前面，命人幫他磨墨拉紙，點他進文石書院唸書。

考上秀才以後，大概二十幾歲要到福建考舉人，他的船到半海遇到颱風，被吹到越南，他在越南那邊破除一個「淡水蝦子」的風俗。以前越南種稻子，會有一種淡水蝦子把稻子剪斷，當地人認為蝦子是上天派來的，是人民對神明不敬才會有蝦子，這是天神的懲罰，所以不敢去動他們。蔡進士一看就說：「這蝦子最好吃！」把蝦子當做糖果吃，越南人看蔡進士吃，才敢去吃那種東西。

蔡進士他原本是狀元的「格」，可是為什麼變進士？因為考上以後要填三代履歷，就是把祖宗八代交待清楚。正確的寫法應該是從祖先開始，然後依序往下寫，你是最後一個。蔡進士卻是從自己往上寫，人家就講「你五倫不分」要殺頭。剛好那一年的主考官，就是當初到澎湖賞識他的人，他跪下來跟皇帝講：「澎湖為了出一個進士，乾旱十三年，乾旱十三年還有人活著，很不容易。」所以就取他當進士。

蔡進士考上進士以後，就留在北京翰林院學官話。我們這邊唸書都是用閩南語，誰會講官話！考試用筆寫會通，用講的講不通。他在北京學官話，再去江西作官，在去江西之前回來祭祖，就是人家說的「立旗祭祖」。現在澎湖的進士第，就是他回來「立旗祭祖」重蓋的。「立旗」就是立個旗子，幾丈長，上面綁黃布條，顯揚他家名聲的意思。澎湖這個進士第，就是他中進士回來祭祖蓋的房子，他回來以前，澎湖當地的地方官幫他蓋的。

　　後來他去江西赴任，原本他帶的師爺，是和他一起去考試的同窗，澎湖人。做了二、三年，這個師爺想家就回澎湖了。當官一定要有個師爺，沒辦法，只好在江西請一個師爺。

　　江西旁邊是長江，每年都有水患，所以京城每年都會撥一筆賑災款項下來。他在那邊當了三年官，做人很正直，所以老天很疼他，三年都沒有水患。

　　那個江西師爺壞心腸，就跟蔡進士說：「把這三年的錢分一分，隨便報個帳就好，反正天高皇帝遠。」蔡進士不敢，師爺就不講話，卻私底下把錢吞掉，等做好假帳才跟他講：「錢被我吃掉了！」蔡進士開始慌的時候，聖旨就到了，其實聖旨是來褒揚他的，真的是天高皇帝遠，皇帝也沒時間去查證。可是蔡進士卻想：「完蛋了！東窗事發了！」他沒有吃錢，可是師爺吃和他吃是一樣，當晚就自殺了。

　　現在澎湖誰說他是蔡進士的子孫，都是騙吃騙喝的，因為他的子孫很不肖，早就絕子絕孫了。聽我表叔說，他們家自己有田地，有長工在幫他們做，可是比如說這家種花生，收成了，田邊放兩三袋採收好的花生，蔡家子孫看到了，就手比一比「載到我家。」這算是客氣的，只拿兩三袋回家。有時人家牽牛車去載，他們就直接要人把整車花生卸在他家門口，若是不滿，就把你打死。誰敢去動蔡家的子孫？所以最後才會絕子絕孫。

　　後來有一個姓林的，南少林的、福建人。他在福建打死人，跑到澎湖這裡來，被姓洪的請做長工。他看不過去，姓蔡的把牛車牽去，他就說：「你們也好了吧！也留一些讓人家

做種，不要全部給人家拿走。」「怎樣！你看不順眼呀！」姓林的就用手掌拍他一下，「好啦！不要啦！節制一下，快回去。三天後覺得不對勁時來找我，超過三天我就沒辦法。」回家後蔡家子孫也沒去找他，第七天就七孔流血而亡。那姓林的有練工夫，大概是鐵砂掌那類的，手氣蠻毒的。

　　蔡進士在江西娶了少奶奶，他死後，江西奶奶扶棺回來，還帶著一個小孩。她回來後日子也很不好過，每天天一亮，那些蔡進士的子孫就「奶奶呀！借個十塊錢吧！」「借我五塊」，就這樣一直借、一直借。「你從江西能帶多少錢回來？你能借幾次一塊、二塊？」後來有人對他說：「你這樣下去不行，要想辦法回江西。」可是那子孫已經蠻橫到不讓她回去，等於是說人也要、錢也要。後來也是這個林姓長工看不過去，暗中幫那個江西奶奶訂好船票，江西奶奶就半夜抱著孩子逃跑。她是裹小腳的，走到渡船頭剛好天亮，就坐船回大陸。聽說現在江西還有蔡進士的子孫，澎湖這裡已經沒有了。

講述：張耀欽、三十九歲、大華航空、高中、閩南語
採錄：葉美麗、呂正泰
時間：八十六年六月二十三日
地點：馬公市興仁里

（二）

　　蔡進士的故事是我十二、三歲在潭邊讀「漢書」時，老師說的。蔡進士要出生時，有一片雲罩在他們家的屋頂，以前人生產怕被打擾，門都會關著，就有一隻黑狗跑來撞門，所以蔡進士出生後，母親就幫他取一個乳名叫「蔡撞門」。

　　蔡進士出生前的十三年，澎湖非常「歹年冬」，雨下的很少，無法種植農作，人們都只能到林投山上採草菇吃。所以老一輩的都說，澎湖這裡地理薄，無法承受大官的出現。

　　蔡進士的爸爸是在案山教「漢書」的，蔡進士四歲時，爸爸就背著他到案山一起讀書，讀到七歲時就會作文章，十三歲時就考中舉人，所以那一年的新年，他爸爸就寫了一個「七歲作文澎未有，十三中舉天下知」的對聯，來表示他有一個優秀的兒子。

　　後來他要到大陸考試，以前澎湖到大陸考試，一定要在幾個月前搭帆船出發，結果那次他搭的船「犯風」（遇到大風），被吹到現在的海南島還是什麼地方的（案：應是越南）。後來一路奔波趕路，到考場時因為太疲憊，沒注意到自己「三代顛倒寫」，這是死罪的。從前人考試都要先拜當時的大官為師，蔡進士拜的老師剛好是那年的主考官，老師一看到他的文章就說：「這是『狀元文』啊！可惜『三代顛倒寫』是死罪。」

　　隔天上朝，皇帝詢問考試的情形，考官就上奏說：「有

二　據說考進士時要填寫個人資料，其中家世部分，必須依序從祖父、父親、自己寫起。但蔡進士卻是先寫自己，然後父親、祖父。因此被皇帝認為大逆不道，要治他的罪。

一個澎湖的蔡崇文，文章是『狀元文』可惜卻犯了『三代顛倒寫』的死罪，希望皇上能特別赦免他。因爲他是不畏艱難，從澎湖又山又海的趕來考試。」皇帝聽了之後，詢問主考官的意見。主考官說：「爲了表示愛惜人才，就把他降一等，貶爲進士吧！」皇帝答應了，所以他就變成進士，不久就被派到江西當縣令。

傳說他的原配是我們許家人，留在澎湖侍奉公婆，他到江西後，另外取了一個員外的女兒當小老婆。他剛到江西的時候，當地百姓瞧不起他，認爲居然要一個小小離島的澎湖人來當縣令，所以就故意找幾個人套好招，弄些奇案來爲難他。比如說：要張三告李四，說李四煮飯時把煙薰到張三家裡，看他要怎麼處理？結果，他準備一盆水、一面鏡子、一盤金子，用鏡子照金子，再將鏡像反射到水盆中，指著水盆中的金子判給張三，作爲賠償。有一回就有人刁難他，說我們是「江西一片鐵」，蔡進士答回說：「福建火爐熱」，（當時澎湖隸屬福建），意思是說福建的火爐，可以把江西的鐵逐漸熔掉。

他當官的官運很好，好到什麼程度呢？在他還沒上任前，江西每年都會有水災，所以上級固定會撥款下來補助災民，自從他上任後，便疏通拓寬水道，使水災不再發生。但每年上級還是一樣撥款下來，他就把這些錢放在庫房。後來巡按大人要來巡視，蔡進士便問那筆錢到哪裡去了。師爺說：「去問你太太。」原來是師爺和他太太一起把錢吃掉了。有人說他因爲這樣害怕，就吞金自殺了。

　　也有人說錢其實是他自己吞的，他怕事跡敗露，在巡按大人來之前，假裝吞金自殺，然後把所有的錢裝在棺材裡，運了十三口棺材回來。結果船航行到現在四角嶼那裡，突然起三個大浪要把船打翻，這是因爲他私吞銀兩，沒用來造福百姓，所以上天要滅他，結果三個大浪被他用三個玉環壓下，還是把將黃金運回澎湖。

　　他運黃金回來後，人家向他借錢他都不借，後來他住家地方的井都被填光光，只留一口井，而且四周都用硓古石圍起來，只留一扇門出入。當地人說：「誰都可以進來擔水喝，只有蔡進士家的人不可以。」後來蔡家請了許家頂社一個習武的人去擔水，結果他一進去，就有一群人就朝著他丟東西。他趕緊衝出來，一出來扁擔、棍子就一直朝他打下來，他只能趕緊逃跑，根本擔不了水三。

　　澎湖有一句俗話說「搬石頭壓路」，也跟蔡進士有關。聽說蔡進士江西的小老婆，後來也有來澎湖，想分點黃金，但大老婆的孩子不分給她，趕她回江西。她走出蔡家後，走到附近的一個小坡，搬了一塊石頭，朝路中間壓下去，表示不回頭，從此再也不來這裡的意思。聽說現在江西，還有蔡進士的子孫，還蠻興旺的。

　　還有人說他是被殭屍嚇死的。有一個媳婦從娘家趕路回夫家，走到半路內急，就在山邊的一座墳旁蹲下去，這時突

三　這段故事說的不很清楚。從其他故事推測，應該是蔡進士回鄉後，吝於照顧鄉里，甚至仗勢欺人，所以招致民怨，故意將他住家附近的水井填死，讓他們沒水喝，藉以報復他們。

然有一個殭屍從墳墓出來,把媳婦嚇得昏過去。等到媳婦醒
來,發覺內褲不見了,她覺得很羞恥,就一直等到天黑才走
回家。她的先生和婆婆在家等得很著急,一直到很晚才聽到
媳婦的敲門聲,先生出去開門,結果門一開先生的頭就不見
了,原來是殭屍跟著媳婦回家,把先生殺了。可是婆婆不明
白,就告媳婦謀殺親夫,蔡進士親自審這個案子,媳婦把事
情一一的說給蔡進士聽,蔡進士聽了就決定開棺檢查,結果
墳一挖,殭屍就跑出來,一隻手還抓著人頭。蔡進士用硃砂
筆打他都沒用,最後是用官印打他才制服殭屍。不過他也因
為受到驚嚇,不久就生病死了。

講述:許文永、六十三歲、村長、國台語混用
採錄:蔡惠碧、陳雅莉、鄭美錦
時間:八十九年十一月二十八日
地點:湖西鄉許家村講述者家中

（三）

　　蔡進士他父親是在鄰村教漢文的老師,他太太快要生產
了,所以他一直在等家裡的消息。有一天夢見自己將要得貴
子,沒多久就有兄弟跑來跟他報喜:「你老婆昨天生了個兒
子。」因為知道是貴子,所以就問:「兒子出生時,有沒有
發生奇怪的事?」兄弟說:「小孩出生時,家裡大廳檀香繚

繞，外面的狗、豬一直叫，一直撞門。」所以蔡進士的小名就叫蔡撞門，本名是蔡崇文，讀書後的書名叫蔡廷蘭。

蔡進士三、四歲時，其他小孩都還不太會說話，他就已經把詩經讀的很熟，大家都說他讀的是前世書，父親為了栽培他，就回到家裡專門教他。

傳說蔡進士的出生與他家隔壁的一位小孩有關。那個小孩從小就很聰明、很會讀書，七歲時就找不到老師教他，最後好不容易才找到一位飽讀詩書的老師，跟著他一起讀書。

有天傍晚，小孩從老師家回來的途中，受到烏鴉攻擊，小孩受到驚嚇趕緊逃跑，可是烏鴉一直追著他，好不容易跑回家中，才踏進大門就吐血而亡。而蔡進士就在那年出生，於是大家就說，蔡進士是這小孩投胎轉世的。

蔡進士四歲時，無意間有一位賣雜貨的人聽到蔡進士在唸詩經，他覺得這年齡的小孩，應該連話都說不清楚，但這小孩卻已經能唸詩經，所以特別去找蔡進士的父親，跟他說：「你這個小孩將來一定不是普通人，我這裡有賣剩的紙筆，就送給你孩子用吧。」

蔡進士七歲時，大陸有位主考官要到台南主持秀才的考試，經過澎湖時遇到颱風，所以先到澎湖，順便舉行考試，看看澎湖有沒有能人。蔡進士聽到這個消息，就說：「我也要考。」主考官勉強答應了，結果他考上了狀元，讓皇上覺得天地顛倒了，要殺蔡進士。於是主考官下跪替他求情說：「這樣殺了他太沒有道理，又浪費人才，這又不是叛國等大

罪，以後他會是國家的棟樑。」因此才平息了這場風波。[四]

　　蔡進士十三歲時考到秀才，然後就到台南參加舉人考試，主考官知道，他考舉人可能會有危險。因爲台南府城有位姓彭的，是員外的兒子，有錢又有勢，爲了考狀元會不擇手段。爲了救蔡進士，主考官趁姓彭的來找他時，寫了一首詩放在桌上，詩中故意用了一個不合適的字眼。因爲姓彭的很喜歡改別人的文章，他看了桌上的詩，就替主考官改了那個字。後來兩人都中了舉人，要和主考官一起進京考狀元，這時主考官就對姓彭的說：「你不用去了，你連老師的詩都敢改，這可是殺頭的大罪。」這樣蔡進士才沒事。但這姓彭的還是去了，在等放榜的時候，姓彭的出去玩，結果被人活活的打死。大家都說：「這個人很會讀書，可是道德不好，真可惜。」[五]

　　有人說蔡進士是吞金死的，其實不是。據說他做官時，接手的堤防修復工程，因爲不再崩塌，所以每年都會有剩的公款，但師爺並沒有確實的報帳。直到過年，大家回家過節，府裡沒什麼人，蔡進士無聊去翻帳本，才發現帳本有錯，便調師爺來問：「餘款爲何沒有報銷？錢到哪去了？」這時才

四 這段敘述明顯有所遺漏而且和下文衝突。從其他故事推斷，應該是主考官嫌蔡進士年紀小，不同意他考試，但蔡進士的表現卻一鳴驚人，贏得主考官重視。之後進京參加考試，因「三代顛倒寫」，觸怒皇帝要斬他。請參閱其他蔡進士傳說。

五 這段敘述，在蔡進士的故事中很罕見，但似乎遺漏了姓彭的惡行，以致情節顯得不很完整。

知道，餘款的一部分被師爺吃了，一部分進了庫房，一部分進了自己的口袋。蔡進士聽了，氣得吐血，就這樣抱病而終，只活了四十多歲。

現在澎湖沒有蔡進士的後代，他們有的在大陸的江西，因為很多親戚想在蔡進士身上揩油，所以與蔡進士較好的親戚都到大陸去了。

講述：蔡善樹、八十三歲、商、高中、台語
採錄：謝倉洲、羅文傑、高明朗、陳琨文、賴正文
時間：八十七年十一月十日
地點：馬公市興仁里

（四）

澎湖的地理薄，頂戴沒浮起來，澎湖若要出皇帝，後窟潭草蓆尾就會浮出一條路通福州。[六]蔡進士很聰明，可惜澎湖地理薄，讓他不能做大官，出一位進士就很拚了，其他還有幾個秀才。聽我們這裡一位鮑正傑秀才說，蔡進士七歲就來文石書院作詩，鮑秀才是祖師廟的管理，我當時在廟裡聽鮑

六　馬公市重光里舊名「後窟潭」，「草蓆尾」位重光里，為馬公市第一公墓所在。澎湖傳說中有一種「沈東京，浮福建」的說法，大意是說，如果澎湖能浮出一座連接台灣（或大陸）的島嶼，澎湖就會出皇帝。請參閱本書風水傳說的「澎湖出皇帝傳說」。

秀才說的。他很稱讚澎湖能出這種能人，七歲就會做詩，所以說「七歲能文澎未有」。就是有這種才能，才能考上進士，派去福州做檢驗官。

　　不過蔡進士在應試時，三代顛倒寫，先寫自己，沒有從祖先開始寫，皇帝很生氣問罪要斬。幸好他拜到一個好「座主」（老師、主考官之意），替他求情說：「蔡進士是從孤嶼海島來這裡考試的，這樣就斬了他，以後的人就不敢來考試，國家就會損失人才。」後來他就被派到福州做官。到福州的路上，一路坐轎，看到百姓不會壓蕃薯七，就叫轎子停下來，親自教百姓壓蕃薯。

　　他上任後官運好，以前那裡每年都會水災潰堤，所以國庫每年都會撥錢下來，而他上任之後，堤防都沒倒，錢卻依然撥下來。他的師爺是那裡的人，每次錢撥下來他就收起來，錢就越收越多，多到令蔡進士害怕。他想堤防明明沒倒，卻收了那麼多的錢，以後查到了會殺頭的，就嚇得不敢做官。師爺知道他沒收錢，就把錢打成金箔，夾在他的書頁裡，讓蔡進士在不知情的情況把錢帶回家。有一次過年，蔡進士的孫子在城隍廟前賣春聯，我問他有沒有看到那些金箔，他說沒看到，可能一代就花完了。

　　當初蔡進士考試作詩，是用澎湖的地名、島嶼來做詩，詩是：

七　據老一輩的說，蕃薯過年前最後一次收成時，會刻意留幾個蕃薯做種不採收。等來年立春要耕種時，做種的蕃薯藤已經長得很長，便將之剪成一段一段，橫著壓入土中，謂之「壓蕃薯」。

貓挽門吼，（貓嶼、小門嶼、吼門）

虎屈鳥善，（虎井嶼、屈爪嶼、鳥嶼、雞善嶼）

竹篙橫礁雙頭掛，（竹灣村、橫礁村、興仁里）

四角桶盤捧金雞。（四角嶼、桶盤嶼、雞籠嶼）

講述：葉尾看、九十五歲、私塾、台語、聽當時西文祖師廟
　　　的管理員鮑秀才講述

採錄：陳王美珠、鄭月廷

時間：八十九年十月十日

地點：馬公市西文里

（五）

　　蔡進士的爸爸是漢文老師，有一次他爸爸拿了一本詩經給他讀，沒想到他一下子就讀完了。有一位賣雜貨的老闆聽到這件事就問：「這個小孩是誰的？」爸爸回答說：「是我的。」老闆說：「你兒子那麼厲害，竟然把一本詩經都讀完了，我這有幾支筆送給他。」因為那位賣雜貨的老闆很有學問，所以知道讀完詩經是很了不起的一件事。

　　蔡進士七歲的時候去考秀才，放榜時去看榜，因為人太多看不到，爸爸就將他扛在肩膀上，主考官看到了，就叫他不用看了，因為他把爸爸當馬騎，爸爸就告訴主考官說：「我

是望子成龍。」八

　　蔡進士十三歲時去北京趕考，在半途遇到颱風，船被吹壞，在海上漂流很多天，沒有水可以喝。於是蔡進士就燒香敬告天地，懇求老天爺能賞賜些水給他們，沒多久就下了一陣大雨，大家就將所有能裝水的東西拿來裝水，度過了災難。

　　最後，船漂到越南，遇到越南的國王，國王把他留下來寫文章，等他做好後，再送他到北京考試。但是他到北京時，已經超過考試時間不能進場，於是他就拜託做官的人帶他去找主考官，說他從澎湖過來，因為半途遇到颱風導致考試遲到，主考官聽了就答應讓他進去考試。

　　當他拿到試紙，馬上就寫了起來，可是因為心裡急，就把家譜的順序填反了。皇上知道了很生氣，準備要殺他，有人說：「這個人遠從澎湖來這裡考試，如果為了這個原因被殺，那以後偏遠地方就沒人敢來了。」於是皇上就赦免蔡進士的死罪，將他降為進士。

　　蔡進士考上進士之後，被派到江西做知府。江西有一條河，每年都要花很多錢去修補，但是蔡進士的任期內都沒有水災，政府不知情，每年依然撥錢下來。每當錢送來的時候，蔡進士剛好都不在，而師爺看到有人送錢上門，覺得不收白不收就收下了。

　　有一次，有一位婦人去作客，回家時在墳墓旁小解，結

八　大部分的故事是說，主考官因此指責他「子，將父作馬」，蔡進士卻機警的回答：「父，望子成龍」反而贏得主考官的讚賞。

果褲子莫名的被脫下來，仔細一看竟然是殭屍。婦人回家後不敢講，那夜有人來叫門，說要還褲子，婦人知道可能是殭屍，就叫丈夫不要開門，但丈夫不聽，以為那人是老婆的姘夫，但是門才一打開，頭就被砍斷了。後來有人去告官，蔡進士找她去問話，她就將事情一五一十說出來。

於是蔡進士就選了一個日子，到墓地那裡擺一張桌子，把當官的信物，劍、印、筆……等，全部放在桌上，然後叫「土公仔」把墓挖開。結果一個殭屍從裡面跳出來，蔡進士連忙唸了一些詩經什麼經的，都沒有用。情急之下，就把桌上的東西往殭屍的身上丟，丟到最後只剩下印章，他就拿印章往殭屍的頭上蓋，一蓋，殭屍便倒在地上。然後蔡進士到墳墓一看，裡面有一件褲子及男人的頭。於是蔡進士判定那個太太無罪，她的先生的確是被殭屍殺死的。

「進士第」是蔡進士在澎湖時所蓋的，但他卻從未在此住過，因為房子尚未蓋好他就離開了。

講述：蔡登仕、八十一歲、日本教育、台語
採錄：徐翊倫、陳育津、范碩純、羅純霜
時間：八十七年十一月一日
地點：馬公市興仁里

（六）

蔡廷蘭十三歲時就考中進士。七八歲時，父親帶他到馬
公的書店買書，跑了很多家書店，但蔡廷蘭每本書拿起來，
就說這些我都懂了不用買。書店老闆說：「你把我的書翻成
這樣子，卻連一本書都不買。」蔡廷蘭回答：「這些書買回
去，是要糊在窗戶上，還是要封酒甕的瓶口？」買不到想要
的書，只好回家去了。

蔡廷蘭出生後的十三年，澎湖大多在鬧飢荒。他七歲時
進入學校讀書，在現在祖師廟西邊的那間廟（即文石書院）
考「童生」。考上童生，就到台南府城考舉人，考上舉人，
再到大陸考狀元。那時沒有飛機可坐，只能靠帆船渡海，坐
好幾個月的船到北京。還沒到北京之前，家中有母雞啼，大
家都說母雞啼是不好的事情，但他母親卻說這是一個好兆
頭，她說：「雞母啼，雞公聲，我兒子去了中頭元。」^九

後來他到考場報到，主考官說明天一大早八點，每人要
交一篇三千字的文章。每個考生都拚命的寫文章，只有他一
個人從容不迫悠哉遊哉的。到了考試那天，每個人都交了三
千字的文章，只有他寫著「一筆化三千」五個字，就這樣考
上了進士。

後來他被派到江西當官，破了很多奇案。當時江西有一
條很長的河川，時常崩塌氾濫，朝廷每年都撥一筆錢來整修
河川。可是自從蔡進士上任，那條河川沒再崩塌過，朝廷每

九　這段故事的意思是說，蔡進士的母親夠機警，把一般人以為壞兆
　　頭的母雞啼，用她自編的「四句聯」把事情應付過去。原文用台
　　語唸是押韻的。

年撥下來的錢，自然就剩下來了，但蔡進士並沒有將此事上報。有一天，朝廷派人來調查此事，他心急一慌，就吞下金子自殺身亡。

講述：陳順笑、八十八歲、不識字、台語
採錄：陳美慧、楊雅如、劉淑蘋、許雅婷
時間：八十七年十一月二十日
地點：馬公市嵵裡里

（七）

　　蔡進士出生時，屋子裡的油味香噴噴的，外面的牛狗叫個不停，還用爪子抓門，想要撞門而入。因狗「撞門」之故，所以取名為蔡崇文，讀書時的名字叫蔡廷蘭。蔡進士四歲時，古書詩經就很會唸了，七歲時就很會寫文章，「澎湖八景詩」就是他作的。

　　他七歲時，有一位大陸來的考官，要到台南主持考試選秀才。經過澎湖時，就順便來巡視，看看澎湖有沒有人才。那時，蔡進士還很小，父親背著他去見主考官，到達時大家已經快寫完了，他就說：「等一下，等一下，我也要考。」主考官一看是個小孩子，就問：「你也要跟人家一起讀書上課？」於是指著他說：「子，役父做馬。」蔡進士說：「父，望子成龍。」主考官覺得他答的很好，就讓他考上秀才。

　　後來他在江西當官，每次當地發生水患時，皇帝都會撥款下來，讓蔡進士賑災、修橋。蔡進士把橋修得很好，三年都沒有壞，但中央依然每年撥款下來，所以師爺就把撥下來的錢私吞起來，不過蔡進士並不知情。

　　有一次休假，大家都回去了，只剩下蔡進士一人，他到庫房巡視，看到庫房有一大筆錢，就找師爺來問話，師爺卻裝傻說：「這筆錢怎麼會在這裡？是不是你想私吞？」蔡進士非常生氣，就這樣氣到生病吐血而死。

講述：洪壬澤、六十八歲、不識字、台語
採錄：張志如、藍淑君
時間：八十七年十一月十五日
地點：湖西鄉龍門村

（八）

　　蔡進士出生在雙頭掛，雙頭掛有一座山（案：拱北山），老一輩的傳說，蔡進士就是這座山的山神轉世的。蔡進士的父親在做漢文先生，所以蔡進士從小便熟讀漢文，七歲就中秀才，十三歲就到福建考舉人，後來又到京城考進士。考中進士後，被派到山西省當類似現在的水利局局長。

　　那時山西每當雨季來臨，就會河水暴漲堤防崩塌，要請工人修補，所以每年都必須花一大筆錢。可是他在山西三年，

堤防都沒有壞，但京城一樣撥款給他，所以三年下來，就累積了一筆很大的錢。蔡進士的祕書想侵吞這筆錢，就跟蔡進士說：「我們二一添作五，兩人對分。」因為數目很大，蔡進士不敢對分，但祕書已經造了假帳核銷，不分也不行。後來朝廷覺得蔡進士水利局局長做那麼久，做的也不錯，就升他去當山西縣令。

在他當縣令的期間，辦過一個殭屍案。那裡有殭屍經常出來吃人。有一次殭屍出來吃人時，被官兵追捕，殭屍就一直跳，跳到一個墳墓就不見了。墳墓外有一個開關，打開進去裡面一看，裡面有一具屍骨，頭髮長的很長，指甲也很長，這就是吸收了日月精華所以變成殭屍。蔡進士被這個殭屍嚇到生病，不久就死了，有沒有運回澎湖就不知道了。

蔡進士人是不錯，可是其他姓蔡的人做得不好，他的後代子孫更是無惡不做。像他兒子吃飯就很奢侈，做壞的多過做好的，害蔡進士死後不能成仙。蔡進士死後，他的兒子沒有娶老婆，所以蔡進士到他兒子那一代就絕後了。

講述：吳老先生、六十九歲、小學、台語
採錄：李婷蓉、黃清香、徐道蓮
時間：八十七年十二月十二日
地點：馬公市鎮港里

（九）

蔡進士原名叫蔡撞門，這是因為他出生時，剛好有一隻白老鼠來撞門，所以取名蔡撞門。他赴京考試原本是考上狀元，可是他把祖先三代墳反，皇帝要將他殺頭。幸好相爺說澎湖人坐船來京城考試很不容易，如果將他殺頭，以後就沒人敢來考狀元。所以皇帝就將他降為進士。蔡進士無法順利當上狀元的主要原因，是因為澎湖的地理薄，無法出大官、皇帝，所以才出一個蔡進士，澎湖就壞年冬十三年。

講述：呂天註、六十八歲、農、小學、台語、一貫道道親
採錄：歐秋萍
時間：八十九年十二月十四日
地點：馬公市東衛里講述者家中

蔡進士的風水傳說

（一）

蔡進士的爸爸很相信風水，有一天他從大陸請來一位風水師來指點風水，結果他們在興仁看了一個好風水—七鶴穴，若是能將祖墳遷葬到此，後代必出七個大官。但這位風水師說：「這個地方是山神管轄的，不能隨便挖，若挖了便會得罪祂，我的眼睛就會瞎掉。」蔡進士的爸爸就向他保證：「如果你的眼睛瞎了，我就照顧你一輩子。」果然，祖墳下葬後，

風水師的眼睛便瞎了。所以從此這位風水師就住在蔡家，接受蔡家的照顧。

起初，蔡家對他還不錯，但後來對他很苛薄，讓他吃的很不好，也沒有好臉色給他，所以風水師很不甘心，決定要破壞蔡家的風水。他跟蔡進士的爸爸說：「祖墳下面很髒，要挖起來整理整理。」蔡家就真的去挖祖墳，結果一挖，居然有七隻鶴從墓裡飛出來，蔡進士的爸爸趕緊去抓，結果只抓到一隻。所以後來蔡家只有一人能當官，那就是蔡進士，當初若是七隻都能抓到，就會出七個大官，可惜沒有。

講述：蔡先生、約五十歲、台語
採錄：方士豪、蔡政宏、徐明雄、許英倫
時間：八十六年十二月十八日
地點：馬公市興仁里

（二）

蔡進士的祖父過世後，他的父親請地理師去找一塊地來埋葬他的祖父，結果地理師找到白鶴穴。地理師說：「如果葬在這裏，以後你的子孫當官，最少可以當到宰相。」同時再三叮嚀：「挖的時候一定要小心，因為這個穴有一定的尺寸，不可以挖太深或太淺。」然後他們看了一個好日子挖地。

剛開始挖的時候，墓穴有水冒出來，蔡爸爸想：「水這

麼多，若讓棺木碰到水，屍體就會變成殭屍，這樣葬下去會不好。」所以他就用石灰鋪在地下，可是這樣鋪下去，地被墊高，深度就不夠，只好再挖深一點。結果因為挖的太深，不小心把穴挖破了，所以墓穴裡的白鶴就飛出來了。他家人一看：「這下子完了，穴破了！」於是趕快把棺木埋下去，結果十隻白鶴中，飛走了七隻，只埋進去三隻。因為只埋了三隻白鶴，所以他的子孫只能做到進士，若十隻白鶴全部都能埋進去的話，那麼他的子孫就有機會做到宰相。

講述：蔡鴻獻、四十六歲、空專、國台語
採錄：徐翊倫、陳育津、范碩純、羅純霜
時間：八十七年十一月一日
地點：馬公市興仁里

（三）

傳說蔡進士是文曲星來投胎的，所以才三、四歲就把經書倒背如流。後來參加考試考到狀元，但面聖時站錯位置，皇帝說他「天地顛倒」要殺頭。他的老師趕緊上奏，說蔡進士是國家的棟樑，只是站錯位置，罪不致死。所以皇帝才沒殺他，只把他降為進士。

又有人說，蔡進士家和前一戶人家的土地是雙龍穴，傳說會出二個賢人。在蔡進士未出生之前，前一戶人家先生了

一個小孩，這個小孩很會讀書，到七歲就找不到老師來教他，只好自己在家讀書。有一天小孩到外地借書回來唸，在回來的途中被烏鴉追，孩子小心裡害怕，就一直跑一直跑，跑到家門口時絆到門檻跌倒，就吐血死了。

　　隔年，蔡進士出生，出生時門外的狗、豬亂跑亂撞，於是用「撞門」的諧音取名為「崇文」，「崇文」的意思是保障文章。由於他很聰明，所以有人說他是文曲星轉世，也有人說他是那小孩轉世來的。

講述：蔡善樹、八十三歲、商、高中、台語
採錄：楊文傑、黃玉梅、高鵬洲、陳嘉祥
時間：八十七年十二月十三日
地點：馬公市興仁里

蔡進士的出生傳說

（一）

　　蔡進士原本是拱北山的山神，奉命降生於興仁。所以其父蔡培華在兒子誕生時，夢見拱北山的山神化為一顆火球，由拱北山直滾入蔡家撞門而入。在門被撞開的剎那，兒子誕生了，於是父親跟據夢中的異象，將兒子取名為「撞門」。長大後因不雅，方改為諧音「崇文」。

蔡進士出生後，澎湖即發生長達十年的乾旱，因為古人說：「天降賢人於此，必先降災。」蔡進士考中進士後，告訴嘉慶皇帝說台灣、澎湖是個好地方，所以後來才有「嘉慶君遊台灣」的事發生。

講述：許蓮葉、四十二歲、家管、台語
採錄：許靜文、吳蘋禎、黃金水
時間：八十六年十一月二十八日
地點：湖西鄉湖東村

（二）

蔡進士誕生的前幾天，湖西地區的民眾發現，一入夜，南方雙頭掛的上空，便飄浮著兩條線星，發出耀眼奪目的紅光，因此民眾紛紛傳說雙頭掛將有異人誕生。

蔡進士出生時，他的父親正在田裡耕作，家中的土狗跑到田裡，咬住主人的褲管不停吠叫。起初主人不理會牠，但狗卻一直緊咬不放，主人發覺有異，才急忙放下工作回家。

回家後，這條狗仍吠叫不停，且來回撞擊大門，直到蔡進士出生才停止。蔡進士的父親有感於小狗的異常行動，便將蔡進士的小名取為「撞門」，長大後才改名為「崇文」。

講述：鄭伏山、五十六歲、商、初中、白沙耆老所述

採錄：易英信
時間：八十六年六月二十一日晚
地點：白沙鄉通梁村

蔡進士進學及考試的傳說

（一）

　　蔡進士出生時，澎湖已經「壞年冬」十三年，所以他出生後沒有東西可吃，只能將乾掉的蕃薯葉煮一煮沾「鹹汁」[十]吃。蔡進士的父親是雙頭跨的漢文先生，蔡進士五歲時，蹲在外面上廁所，還一邊唸著四書五經，正巧被一位北京來的官員看見，官員心想：「這種海邊鄉下地方，怎麼會有小孩這樣聰明？」於是跟著蔡進士回家，告訴他父親說：「要好好栽培這小孩，等將來長大要考試，讓他到北京來找我。」

　　等蔡進士再大一些，要去考「童生」，因為交通不便，所以父親就讓他坐在肩膀上，帶他去考試。到了考場人家就說他「將父做馬」，蔡進士馬上回他們「望子成龍」。中秀才後，接著考舉人、進士。

　　他家裡很窮，考進士時「犯風」（遇到大風），被吹到

十　早年澎湖人會將漁獲用魚灶蒸煮加工，蒸煮後留下來的湯汁就是鹹汁，等同於現代的魚露。鹹汁甚鹹，拿來煮菜或是當沾醬都很實用。又澎湖人製作醃製物（魚或鹹菜）時，甕底留下來的汁液，亦稱為鹹汁。鹹汁只是一個通稱，各地有不同做法。

越南，他在那裡幫助當地百姓解決一些事，那些人就湊了一些錢讓他回去考試。他考中進士時大約四十多歲，後來被派到江西作知府，直到他去世。現在，蔡家的舊宅被稱做「進士第」，用來紀念蔡進士。

講述：呂炳坤、七十三歲、日本教育、台語、鄰居
採錄：葉玉婷、洪淑美、林恆梅
時間：八十九年十二月十六日
地點：馬公市重光里

（二）

蔡進士年少得志，十三歲即坐船赴府城（今台南）應試。由於一路上旅途勞頓，加上坐船顛簸，導致身體不適，所以便由父親揹他進考場。主考官看到了，就開玩笑的說：「將父做馬」，蔡進士聽了馬上回一句：「望子成龍」。

講述：林正達、約六、七十歲、台語
採錄：張家雯、江家玲、黃雅雯、陳天寶
時間：八十六年十月二十九日
地點：馬公市觀音亭

（三）

興仁有個進士第，傳說是個叫蔡廷蘭的書生，從小就非常聰明伶俐，五歲就會讀書，十歲便能寫文章，是一個很難得的人才。可惜，他雖然很有才華學識，卻一直沒有受人重視，直到某一年，澎湖鬧饑荒，福建派了一位周凱的官員來澎湖查看災情。

當時澎湖會寫文章的人不多，再加上饑荒，文人更是寥寥無幾。於是蔡廷蘭就自告奮勇，寫了一篇敘述澎湖民間疾苦，災情嚴重的文章（案：〈請急賑歌〉）。周凱看了文章十分感動，覺得蔡廷蘭寫得文情並茂文筆極佳，於是便召見他，鼓勵他說：「你是一位不可多得的人才，若有志氣應好好唸書，上京去考進士，說不定可有一番作為。」蔡廷蘭聽了後，便立志向上，努力準備上京趕考。果然，皇天不負苦心人，在他四十二歲的時候中了進士。蔡廷蘭中了進士後，便回來澎湖祭祖，鄉民也為他感到驕傲，替他蓋了進士第。

講述：薛老先生、七十八歲、識字、台語
採錄：蕭雅萍、林怡宣、黃蕾意、郭庭妤、黃瓊嬋、吳曉惠
時間：八十七年十一月一日
地點：白沙鄉通梁村

（四）

　　蔡進士要出生前，澎湖就「壞年冬」十三個年頭；出生後，又壞十三年。蔡進士讀了十年書後考中秀才，中秀才後再到北京考狀元。從前考試之前要先拜「座主」，就是拜老師、主考官的意思，幸好他拜到一個好「座主」，不然就被皇帝殺了。

　　因為蔡進士原本是考中狀元的，後來皇帝看他的文章，發現他把三代寫反了，認為他要造反，就下旨殺他。他的老師趕緊上奏說：「他從澎湖孤島到大陸北京，路途遙遠，好不容易考中狀元，就因為三代順序寫反要殺他，這樣以後台灣、澎湖即使有才能的人，也不敢出來考試，這樣有才能的人就會被埋沒掉。」皇帝聽了覺得有理，就沒殺掉蔡進士，讓他做進士。後來，他被派到江西做省長，做得很清廉。

　　從前我們這裡，常常為了一點事，就和雙頭掛吵架相殺。蔡進士到江西做省長後，雙頭掛的人就想用他的勢力來壓人，蔡進士就要村人忍讓，他說：「你們要靠我的勢力，我要靠誰的勢力？」這樣二村才比較沒有吵架。

　　蔡進士在江西當官並沒有當很久。蔡進士去考狀元時，寫了一首澎湖的地名詩給皇帝看：

虎屈爪善，（虎井嶼、屈爪嶼、雞善嶼）

貓挽門吼，（貓嶼、小門嶼、吼門）

四角桶盤捧金雞，（四角嶼、桶盤嶼、雞籠嶼）

籤筒筆架，龍門出聖旨。（查埔嶼、查某嶼、龍門村）

　　那時龍門海灘有一片沙，看起來很像是聖旨。皇帝一聽

到「龍門出聖旨」，就說：「這樣澎湖豈不是要出皇帝？」
就用文殊筆噴一下（案：大概是甩出墨滴），結果龍門的那
片沙，就飛到了林投的一片窪地，因此就產生了「龍門了沙，
林投了窪」這句話。[十一]

講述：黃丁舍、八十八歲、日本教育、台語、同事外公
採錄：蔡惠燕、邱千桂
時間：八十九年十二月五日
地點：馬公市茱園里

（五）

蔡進士的名字叫蔡崇文，他從出生到十三歲上京赴考，
苦命了十三年。他非常厲害，七歲時就很會做文章，十三歲
自己一個人坐帆船到大陸，再走路到京城去考試，結果考到
了狀元。可是澎湖因為地理輕，沒辦法保佑他當成狀元。

因為他考上後，皇帝問他：「三代是怎麼樣傳的？」他
就回答：「他生他的爸爸 爸爸生他的爺爺。」皇帝一聽馬上
就說：「將他抓去斬首。」幸好他的老師馬上跪下來替他求
情說：「他是從澎湖來的小孩子，才十三歲而已。他一個人

十一 這句話一般的說法是「鎖港了山，山水了垵」。了，音ㄌㄧㄠˇ，
　　台語損失之意。請參閱本書頁一五二「鎖港傳說」、頁二四一
　　「鎖港南北塔的由來」。

從很遠的地方來考試，因爲暈船話才會說反，如果這樣就抓去斬首，以後離島有才能的人，都不敢來考試了。」 皇帝聽了才赦他無罪，把他從一品的狀元降爲二甲的進士。

　　皇帝又問：「你是澎湖人，那麼澎湖的地理你知不知道？」他就回答：「我們澎湖的地理真的非常漂亮。」皇帝說：「怎麼個漂亮法？」他就說給皇帝聽，他說：「澎湖是：

內垵外探花，（內垵、外垵、花嶼）

四角桶盤捧金雞，（四角嶼、桶盤嶼、雞籠嶼）

貓來挽門，（貓嶼、小門嶼）

虎離屈鳥善，（虎井嶼、屈爪嶼、鳥嶼、雞善嶼）

我本人是竹篙橫礁雙頭掛的人。（竹灣村、橫礁村、興仁里。）

就這樣子幾句詩，把澎湖所有的地理環境說給皇帝聽。

講述：劉大、台語
採錄：王祥霖、張詩紋
時間：八十七年十二月十三日
地點：湖西鄉龍門村

（六）

　　我們澎湖在清朝的時候，出了一個蔡進士。聽說蔡進士在去應考的前七年，澎湖連續七年沒下雨，農作物一點收成

也沒有，百姓們個個叫苦連天。一般的說法是：澎湖這個地方福氣比較薄，容納不了一個進士，所以把澎湖七年的福氣集中在他的身上。

傳說蔡進士本來是考第一名，也就是狀元，可是他的試卷在信封裡放顛倒了，皇帝看了大發雷霆，要砍他的頭。這時有個忠臣來保奏說：「這個人殺不得，從他的文章來看，實在是國家的棟樑人才。而且他是遠從澎湖，那個連我們都不知道的小島來應考的，家人和鄉親對他的寄望很大，若是殺掉他的話，澎湖的百姓會很失望的。」皇帝聽了覺得很有道理，所以就赦免蔡進士的死罪，只把他由狀元降為進士。

講述：楊積蓄、七十二歲、教師、大學、國語
採錄：吳欣芝、鍾慧君、朱惠鈺、潘秀偵
時間：八十六年十月二十五日
地點：馬公市中華路

（七）

相傳蔡崇文進京趕考時，因為路途遙遠而耽誤了考試時間，等趕到時，考場大門已經關了。這時主考官說：「時間已過，你不能進去，除非你能對我出的詩。」主考官說：「江西一片鐵。」蔡崇文對：「福建火爐熱。」主考官說：「真金不怕火。」蔡崇文對：「見火便消失。」主考官見蔡崇文對答如

流，就允許他進入應考，後來就高中進士。

　　澎湖各島嶼的名稱都是蔡進士取的，他十三歲去考試，主考官問他澎湖島嶼的名稱，那時澎湖很多地方的地名都還沒取，所以他就隨口說一說，什麼虎井、桶盤……所有的地名是他取的。最有趣的是他像仙一樣，幾百年前還沒有跨海大橋的時候，他就知道要把地名取作通梁、橫礁、雙頭跨、合界了。[十二]

講述：蔡宗正、七十三、村長、台語
採錄：陳振義、陳家駿、陳聖杰、張炳耀
時間：八十七年十二月十日
地點：西嶼鄉竹灣村

（八）

　　蔡進士是興仁人，蔡進士有一個祖公，被北寮人收養，所以他和北寮有點關係。蔡進士當時到京城考試，本來是考上狀元，但由於沒趕上船，來不及去報到。幸好當時有一個清官，認為他是一個人才，又是從澎湖遠地來的，趕不上船

十二　講述者之意為：蔡進士雖是清朝人，卻早已未卜先知，知道未來會有跨海大橋橫跨海面，連接西嶼、白沙二島。故先將跨海大橋二邊的村落，取名為：「通梁」（通一座橋樑）、「橫礁」、「雙頭跨」（橫跨兩邊）、「合界」（二邊的界線合在一起）。

情有可原。所以就上奏皇上，替他說明原因，因為清官的幫忙所以才沒被處罰，只被降為進士。不過有人說，他是因為「三代倒頭傳」，從前「三代倒頭傳」是要殺頭的。幸好主考官幫他說話，他才保住進士。

講述：許騰芳、八十歲、廟公、日本教育、台語
採錄：曾靖雅、吳瑞娥、陳美慧、柯文玲、洪潔如
時間：八十七年十一月十四
地點：湖西鄉北寮村

蔡進士當官及辦案的傳說

（一）

　　清朝的時候，澎湖出了一位蔡姓的進士，傳說他從小就是一位神童：六歲會吟詩、九歲考秀才、十八歲到台南的孔子廟教書。後來他考進士的時候，因將家譜的順序填反，所以皇上很生氣的說：「以後做了官，是不是也將君臣的關係弄反？那我這皇帝算什麼！」說完便下令將他斬首。幸好當時的閩南官員，基於同鄉的情形下，極力的為他說情，使得他免於一死。

　　後來他被派到某地當官，卻因為思念家鄉無法處理公事，使得民怨四起。於是他夫人便做了「金瓜炒米粉」這道

澎湖的家常菜為他解鄉愁，使得蔡進士重新振作，適時的化解民怨。從此這道菜就傳開了，「金瓜炒米粉」成為澎湖最有名的菜。

講述：丁得祿、四十七歲、教師、大學、國語
採錄：田秀琴、施淑惠、黃靜儷、余元鴻
時間：八十六年五月
地點：澎湖專校

（二）

　　蔡進士在江西當官的時候，很認真辦公，每天都忙到很晚，連吃飯的時間都沒有。廚師做了很多江西的好菜給他吃，他都沒時間吃。他太太知道後很心疼，就親自做了家鄉菜「金瓜炒米粉」給他吃，又怕他沒時間吃，所以就很細心的用春捲皮把「金瓜炒米粉」包起來，這樣蔡進士就可以一手拿春捲吃金瓜炒米粉，一手拿毛筆批公文了。

講述：陳保利、七十五歲、小學、台語
採錄：陳美慧、楊雅如、劉淑蘋、許雅婷
時間：八十七年十一月二十日
地點：馬公市蒔裡里

（三）

　　蔡進士十三歲考取進士，澎湖「壞年冬」十三年，西嶼陷了一大塊。蔡進士十三歲那年進京考試，他的老師陪他去考，結果考中狀元。但是因為將祖先的順序填顛倒了，皇上認為他背祖，下令將他處斬。他的老師向皇上保奏：「蔡進士因為年紀小，容易緊張，加上路途遙遠，所以一時不小心將祖先填反了，請皇上赦免他。」於是皇上便將他貶為進士，並分派到大陸某一地區任職，這個地方，時常有殭屍出沒。

　　有一天，一個百姓控告他的媳婦謀殺他的兒子。原來他的媳婦回娘家，傍晚回家時尿急，便就近在一個墳墓旁撒尿。正當蹲下去時，殭屍出現了，可是沒吃到她，只抓到她的褲子，所以這個媳婦就沒有穿褲子，匆匆忙忙跑回家去。丈夫看到妻子沒穿褲子回來，以為妻子在外面有了男人，妻子把殭屍的事告訴丈夫，但丈夫卻半信半疑。

　　到了半夜，殭屍拿那件褲子來還，妻子叫丈夫不要開門，丈夫不聽。結果門一開，頭才伸出去，便被殭屍取走了。妻子因為害怕，不敢起床，一直到天亮，婆婆看到兒子慘死在外面，便向蔡進士控告媳婦謀殺親夫。

　　於是蔡進士開始著手追查，他們沿著血跡找到一座墳，調查結果，這座墳埋的是宰相的哥哥。所以蔡進士便奏明皇上，呈上生死狀，表示無論如何都要開棺查個明白。

　　開棺之後，裡面的殭屍爬出來，大家嚇得轉身就跑，只

有蔡進士來不及跑，只好將身上的東西全往殭屍身上丟，丟
到後來只剩下一隻文殊筆，便把筆往殭屍身上一丟。結果只
聽見殭屍慘叫一聲，就躲回墳墓裡。蔡進士見狀，馬上便拿
出官印往棺木上蓋，^{十三}蓋一下，殭屍就慘叫一聲，他一直蓋，
殭屍就一直叫，一直蓋到殭屍沒有叫聲才停止。

　　事後蔡進士偕同宰相一起去檢查殭屍，證實殭屍的確是
宰相的哥哥沒錯，宰相因此便心存怨恨。皇上知道此事，便
下令要蔡進士進京準備升官，但是聖旨卻被宰相掉了包，上
面寫著「早來早死，晚來晚死，不來都不會死。」蔡進士當
時只有十四歲，看到後很害怕，於是便吞金自盡。

　　蔡進士原本在澎湖有一指腹爲婚的妻子，到大陸後又娶
了一個。死後小老婆送他的遺體回澎湖，結果受到大老婆的
虐待，小老婆不堪虐待，便半夜連同她的婢女逃回大陸去了。

講述：謝天祥、六十五歲、識字、台語
採錄：許惠萍
時間：八十六年六月九日
地點：湖西鄉白坑村

（四）

十三　傳說硃砂避邪，而文殊筆上沾的紅墨汁及官印上的印泥，都是
　　　用硃砂調的，所以有剋制殭屍之效。

　　蔡進士的死因，有很多種傳說，其中一個是說蔡進士是被嚇死的。據說有一個百姓控告他的媳婦謀殺他的兒子，原來他的媳婦在回娘家的路上，因尿急而在一個墳墓旁撒尿，當她蹲下來時，突然有一個鬼頭出現，可是沒有吃到她，只抓到她的褲子，所以這個媳婦就沒穿褲子匆忙跑回家。

　　當她回家後，就吩咐他的家人待在家裡，不要出門，不然鬼頭會再找上門。結果第二天，她丈夫突然死了，死因不明。蔡進士知道轄區出現殭屍後，就趁著夜晚去調查，當他調查時，墓地突然冒出一個鬼頭，蔡進士就被嚇死了。

講述：楊有用、六十七歲、識字
採錄：何銘偉、黃則揚、邱冠獻
時間：八十七年十一月二十九日
地點：西嶼合界池王廟

（五）

　　有個農家的媳婦賢慧又孝順，有一天因體恤公公耕作的辛勞，特地做了一道補品送到田裡給公公食用，可是公公食用後竟然死了。婆婆相當不諒解，一口咬定是媳婦在補品中下毒，並告到官府那裡。偵辦的縣官只根據婆婆描述的經過，便判定媳婦是兇手，媳婦不甘被冤枉，便找蔡進士重審，這已經是第三次重審。當媳婦將整個案情經過講述一遍後，蔡

進士靈機一動，馬上要求她再如法製作補品，並送到田裡的同一地方，隨後又派人監視。結果令人吃驚的事情發生了，一隻如草鞋般大的蜈蚣緩緩的爬進補品，在一旁監視的手下恍然大悟，立刻上前活捉蜈蚣歸案，這才洗刷了媳婦的冤屈。

講述：蔡洪秀儉、四十三歲、家庭主婦、小學、台語
採錄：蔡明珠（母女）、蔡瑜珍、楊惠雯、葉盈君
時間：八十七年六月十日
地點：馬公市興仁里

（六）

　　從前興仁出了個狀元叫蔡廷蘭，那時他在大陸朝廷當官，朝中文武百官很多，意見也很多，並不是很團結。有一次，有人提議要各地方納稅，這樣國家才會有錢，皇帝也說如果百姓不納稅，國庫就會空空的沒有錢。江西有位大官平時就與蔡進士不合，他就說：「福建省要納稅。」蔡進士馬上說：「福建若要納稅，江西就要納得比我們更多。因為江西有水，有水就有鱸魚，有鱸魚就可以賣，賣了就有錢賺，納稅是應該的。」江西的大官聽了馬上反駁說：「福建有地瓜，地瓜可以吃、可以賣錢，納稅也是應該的！」二人一來一往針鋒相對，皇上不能決定，就說：「好！那麼我們一起到民間看一看。」於是他們就一起去民間看。

　　首先去江西，結果看到江西果真有水有鱸魚，蔡進士便說：「皇上，江西有水有鱸魚，所以納稅是應該的。」這時江西的大官也無話可說。看完了江西，就到福建，因為澎湖和台灣屬於福建，所以蔡進士就帶他們來台灣。

　　到了台灣，蔡進士就拿「薯榔」[十四]的果實給皇帝吃，騙他說這是地瓜。薯榔是一種很澀的東西，皇上張口一咬就說：「這東西哪能吃啊！」就拿給江西的大官吃，江西的大官一吃，整個臉都縮在一起了，說：「這東西能吃嗎？」蔡進士說：「我們福建百姓的生活很艱苦，艱苦到吃這些東西，你還要百姓納稅，這些東西你們吃的下嗎？」皇帝及大官無話可說，所以後來福建就不必納稅了。這就是蔡進士的頭腦比別人好，所以鬥得過他。

　　他們二人在京城伴駕時，也時常鬥來鬥去的。江西的說：「江西一片鐵。」蔡進士就說：「福建火爐熱。」江西的又說：「真金不怕火。」蔡進士便說：「見火便消失。」還是蔡進士贏。

講述：蔡修德、六十歲、農、小學、閩南語、祖孫
採錄：蔡靜蓉、陳梅秀、吳姮慧、葉雯瑛、倪惠貞
時間：八十八年十二月十一日
地點：馬公市鐵線里

十四　薯榔，多年生藤本植物，早期台灣漁民利用薯榔來染漁網及網繩，外表類似地瓜。

（七）

蔡進士是興仁人，興仁從前叫雙頭掛，他六歲就中秀才。以前考秀才要到孔子廟那邊考，要走很久，蔡進士年紀小走不動，爸爸就揹他走。到考場的時候，主考官看他被爸爸揹著，認爲他「將父作馬」很不孝，所以不讓他進考場。蔡進士卻回答說，這是因爲父親「望子成龍」的緣故。主考官認爲他的反應很好，便讓他進考場，他才能六歲就中秀才。

長大後考中進士，被派到山西做知縣。有一回，百姓來報告說，山西出現一種專吃農作物的海怪，蔡進士知道後就去調查，結果發現這些海怪其實是「蠔」，是澎湖海產的一種。第二天他就請百姓準備油鍋和刀等，殺妖怪的器具，等蠔爬出來吃農作物時，就叫百姓們把那些蠔抓起來，然後放進油鍋裡去炸，炸好了再分給大家吃。大家吃了才知道原來「蠔」不是妖怪，是一種海產，而且很好吃。從此百姓都覺得蔡進士很厲害，能殺妖怪。

講述：蔡春正、八十五歲、私塾
採錄：楊惠雅、蔡旭倫、彭雅廉、俞建梅、邱貴香
時間：八十七年十一月八日
地點：馬公市興仁里

蔡進士過世的傳說

（一）

蔡進士考上進士後，被派往江西當縣令。當地因常患水災，故朝廷常撥款賑災。但在蔡進士任內，江西卻是風調雨順，因此庫銀的存量很多。而他由於過於忠誠，不懂貪污公款，於是便在五十多歲那年，因庫銀存量過多，嚇得去世了。

講述：蔡先生、六十六歲
採錄：劉怡采、劉玉娟
時間：八十六年十月廿六日
地點：馬公市興仁里

（二）

當時江西一帶，有一條很長的河川，時常崩塌氾濫，朝廷每年都會撥一筆錢來整修這條河。可是自從蔡進士上任後，這條河川就不再崩塌，朝廷撥下來的款項，自然就剩下來了，但是蔡進士並沒有將此事上報朝廷。有一天，朝廷派人來調查此事，他心急一慌，就吞下金子自殺身亡。

另外，傳說西嶼那裡本來有二棵珊瑚在水底，有二條大

魚在看守，若有人潛下去偷採，就會被魚吃掉。^{十五} 那附近因為有石頭在那裡，水流很急。後來蔡進士當官經過那裡時，海神要去朝拜他，驚動起一大片水波，船因此動盪不已。蔡進士的祕書要進士說：「免拜！」蔡進士依言而行，風浪果然變小了，但經過剛才那陣大浪，西嶼那一大片石頭就倒了，二棵珊瑚也沒了。

講述：蔡順天、台語
採錄：徐翊倫、陳育津
時間：八十六年七月二十三日
地點：馬公市東衛里

其他蔡進士傳說

（一）

　　蔡進士年幼失怙，孤兒寡母相依為命，因此有些村人很瞧不起他們。那一年，蔡進士五歲，穿著母親新買的草鞋，行經一堆建築用的泥沙，蔡進士便穿著新草鞋踐踏於泥沙中。旁人見而驚之，以為蔡進士精神有異，不然為何著新鞋踩踏於泥沙中？這時蔡進士在眾人訝異的眼光，說了一句話：「爛土有刺。」

十五　請參見本書下冊，頁一四○「西嶼金珊瑚的傳說」。

　　當時無人了解其意，後來才有人體會到此話的深意：爛土雖為一堆不起眼的東西，但當你踐踏其上時，可能會因瞧不起它，而會被其中的刺刺到。亦即暗示村人：現在大家看不起他們母子，但怎知日後他們不會有所成就？後來蔡進士力學苦讀，成為澎湖唯一的進士。

　　話說某一年，七歲的蔡進士和一般孩童一樣在海邊玩耍。蔡進士不經意的把撿到的盤子，拋向遠遠的海中。沒多久，有「王船」的人，託村中廟宇代為轉達：「有大人封倉，致使船上人民無法食用糧食。」問：「所謂的大人是何人？」答曰：「蔡廷蘭蔡大人。」於是村民請來年僅七歲的蔡進士代為祭祀，然後於汪洋中撈起被丟棄的盤子，如此，方使王船中的人民不因封倉而絕糧。

　　這年，蔡進士搭帆船，遠渡重洋前往北京趕考。然而半途不幸遇上狂風暴雨，小船禁不起風浪的侵襲，即將沈入海中。此時，蔡進士的母親忽然聽到：「趕快救蔡進士，勿使其命喪大海。」的話。頓時，狂風暴雨都停了，蔡進士因此倖免於難。

　　蔡進士臨終前，有人看見一形似蔡進士之人，著白衣白帽坐於大城北山上，形似山神，因此傳說蔡進士可能是大城北的山神轉世的。

講述：陳興、五十八歲、漁、台語、父女
採錄：陳秋主、許素香
時間：八十六年十一月三日

地點：馬公市鎖港里

（二）

　　蔡進士考中進士之後，因一時沒有任官，就留在北京。當時的太子，有一次在京城中閒逛，聽到讀書聲，心想考期已過，還有誰這麼認真唸書？一看原來是蔡進士。心中便很中意他，就想趁機考考他，於是太子說：「我手上有一隻寶扇，你知道我要給你？還是不要給你？」蔡進士一聽，這分明是在考我嘛！他也不知道來者是太子，正好他坐在門檻上，便說：「你知道我要進去？還是不要進去？」太子一聽非常佩服，便將玉扇遞給他。沒想到這扇子是很貴氣的，蔡進士一不留神，就將它摔到地上折損了，這時他才知道這個人是太子，太子的東西他拿不起。

講述：歐陽願、台語
採錄：曾雅卿、郭玉玲、巫秀慧
時間：八十六年一月二十三日
地點：馬公市天后宮
故事類型：876 巧媳婦妙對無理問

（三）

　　蔡進士到京城考完試後要等放榜，其他人都跑出去玩，只有他一人留在宿舍讀書。他很皮，跑到圍牆上，搖頭晃腦的大聲唸書。當時的太子嘉慶君，正好微服私訪，聽到讀書聲就走過去看，一看是個小孩坐在圍牆上讀書，就故意逗他，把一隻腳跨進門檻，問他：「你猜我現在是要進去還是要出來？」蔡進士書讀得好好的，忽然被打斷問奇怪的問題，覺得莫名其妙。但他反應很快，就把一隻腳放到圍牆另一邊（跨坐在圍牆上），問他說：「你猜我要從這邊下來，還是那邊下來？」

　　嘉慶君一聽，這孩子反應真好，就把隨身的玉珮送他，蔡進士也不在意，就用單手去接，沒想到沒接好，玉珮就掉到地上摔壞了。他趕緊跳下來跟對方道歉，才知道對方是當今太子，太子的東西很貴氣，他拿不起。後來太子知道他是澎湖來的考生，就問他澎湖的事，蔡進士把台灣跟澎湖講得很好，所以後來才會有「嘉慶君遊台灣」的事。

講述：蔡先生、八十歲、日本教育、台語
採錄：陳立倫、徐美津、范純純
時間：八十八年十二月六日
地點：馬公市興仁里
故事類型：876 巧媳婦妙對無理問

二、張百萬的傳說

張百萬的生平傳說

（一）

　　張百萬名隱，號引治，字莘庵，原籍福建漳州府漳浦縣灶山埭頭社人，生於明萬曆三十六年，歲次戊申九月四日（西元一六○八年）未時，死於清康熙五年，歲次丙午五月初五日（西元一六六六年），享年五十九歲。隱公約於明末崇禎十年間（西元一六三七年）因躲避戰亂而遷來澎湖，卜居於大赤崁澳。隱公娶妻陳氏壺，育有五個兒子，長子名楚英，次子名遠英，三子名三英，四子名四英，五子名伴英。初到赤崁後以捕魚為生，據說他經常到赤崁北方一個無人小島下網，這個島常有些方方正正的烏色石塊露頭，由於澎湖缺磚，收網之餘，他常順道撿些回家，堆砌豬舍和雞寮。撿了一段時間，烏石越積越多。有一天，有一位江湖術士鑑定這些石頭為烏金石，再經銀樓業者正式鑑定後，也證明確屬烏金沒錯，轉瞬之間張隱變成富翁。

　　張隱後來經營航船生意，擁有龐大的船隊（俗稱龜仔船十三艘），來回於台閩兩地，將赤崁的特產丁香魚（醬）、珠螺、運往外地，回程運雜糧、石材、建材。接著更向台灣開展鹿港與閩廈之間的貿易，並在鹿港、彰化、員林、淡水購置產業，創設行郊。

　　張隱死後五十六年，他的孫子張啓俸（二兒子遠英的長子）於清康熙六十年因敉平台灣朱一貴之亂有功，初任千總，後署遊擊管福建銅山營參將中軍守備事，後來再陞封爲懷遠將軍，然後返回故里豎旗祭祖。同時請地理師在「巷港」擇地建祖廟，祖廟在清雍正元年完工落成，並將雍正皇帝賜爵誥命牌（誥封張啓奉爲懷遠將軍，並追封乃父遠公、祖父隱公同爲懷遠將軍，其妻爲三品淑人，並追封乃母李氏及祖母陳氏同爲淑人的聖旨牌），懸掛於祖廟內。

　　啓俸的二弟啓璋，也在雍正八年在巷港興建八落大厝，由大赤崁遷移到巷港居住。這八落大厝佔地六百七十五坪，正面寬一百一十四公尺，側面長二百一十三公尺，正門兩座、側門兩座、廳房大門數十間，另有龍虎井四口和棧房、馬廄等建築物。如此巨宅，當時台澎兩地都是首屈一指。張家興建大宅院，很多建材都重金取自大陸，其中不乏建材珍寶的隴石和青鳥石，尤以不少屋頂蓋瓦硐，爲澎湖前所未有，從此張宅所在地竟以「瓦硐」爲地名，一直叫到今天。瓦硐當地也因張宅遷入，開始繁華，一度並爲白沙島的首治所在地。……術士替張家選擇到一塊風水佳地，據說穴屬「八馬拖車」，蓋成左四落、右四落，兩邊併排相連的八落大厝。後來又在八落厝建後方另建一庫房，新建庫房蓋好後，張家的運道就連連崩毀。傳說「八馬拖車」本來是風水好地，加上那棟庫房後頓時變成「九犬分屍」的惡土，張家的財運自此一傾，再也不可收拾。

　　民間傳說中的張百萬與小赤崁村呂石老，因牛車隊搬運

建材，給呂家人的出入帶來極大不便及影響安寧而告官衙門
一事。演變為在吼門（澎湖跨海大橋中段海溝）丟銀元比輸
贏的笑料，就是發生在張百萬的孫子輩。從赤崁碼頭搬運建
材到巷港必須經過小赤崁的村莊，（古時候唯一的一條路）以
後張啓俸為了仕宦需要，遷居福建廈門，死後葬鼓浪嶼。張
啓俸這一房從此留居大陸，張啓璋這一房也由赤崁人變成為
瓦硐人。

【後記】

　　張百萬雖號稱全澎首富，然生平事蹟，地方上之相關史
料，包含《澎湖廳志》、《澎湖紀略》等，皆未有隻字片語的
記載。此份資料為張百萬第十九世孫，張新芳先生考證整理，
內容與一般民間說法不同，有一定可信度。其主筆之《赤崁
漁業文化掠影》，（澎湖縣立文化中心‧民國八十五年十月），
亦有相同的記述。由於採錄者之一為張先生同事，上述資料
由張新芳先生直接提供，內容較前書詳盡，故採用之。

講述：張新芳、小學老師
採錄：陳智超、蔡玉雯、楊美秀（同事）
時間：八十八年十二月十六日
地點：白沙鄉赤崁村

（二）

　　從前有個地方叫巷港，巷港就是港口很小的意思。當地居民主要靠打魚為生，其中有一人叫張隱，他每天搖著小舢板到一個無人島釣魚，順便撿些海上漂流的竹子、木材回去升火煮飯。這天，他又到島上去，因為他想養雞，所以就在島上的四處找石頭，打算搬幾個回去堆個雞寮，他繞了一繞，看到一堆玄武岩，黑的發亮，很好看，就把它搬回去，連續搬了幾天，終於在門外圍成一個雞寮。

　　一天，一個從唐山來的生意人經過他家門口，看到雞寮，大吃一驚的說：「澎湖人真有錢！用這種東西作雞寮。」但再想一想「可能是主人不識貨，因為這東西蠻少見的。」所以他就開口向張隱買雞寮的石頭，「一塊一百兩！」。張隱覺得很奇怪，怎麼有人無緣無故拿那麼多錢買石頭？「這可能不是普通的東西」，所以就還了個價，「一塊兩百兩！」商人算算，也划算，就買下了。買了以後張隱就問：「你買這個做什麼？為什麼出這麼多錢買沒用的石頭？」商人回答：「這是一種很稀少的黑金。」兩人聊了一會，商人問：「你這黑金是從那裡得來的？」張隱回答是在一個無人島撿的，而且還有很多。於是他們就約定要張隱再到島上去拿，拿回來後用同樣的價錢向他買。

　　第二天，天氣很好，張隱一大早就到島上去了，但是找來找去就是找不到原來的那堆石頭，只有一般的玄武岩，原來，他的福分就只能得到那些黑金。有了錢，張隱就跟著那生意人學做生意。他造了一艘船往返大陸通商，漸漸的，生意越做越大，到最後家財萬貫，於是便在長沙買地建房子，

總共建了八間大房子，買的地也一望無際，人們傳說他的地是「四鳥飛不過」～四隻鳥飛不過他的地，可見地有多大！後來錢越賺越多，於是有人建議他，不如再蓋一間金庫，專門放錢放黃金，所以他就又蓋了一間金庫，但是自從蓋了金庫以後，生意就越做越差，漸漸就家道中落，一敗塗地了。

後來地理師跟他講，他一開始蓋的八間大房子，符合風水上的「八馬拖車」，意思就是皇帝出巡，用八匹馬來拖車的意思，是地理上最好的風水，但他最後加蓋的那間金庫，把風水破壞掉了，變成「九犬分屍」，因此生意自然就越做越差了。而他那「四鳥飛不過」的地，後來就變成「死鳥飛不過」了。這個張隱因為很有錢，所以人家就「百萬」、「百萬」的叫他，傳到後來張百萬就成了他的名字。

這故事還有一個小插曲。那時澎湖有個財大氣粗的將軍，聽說張百萬很有錢，就要和他比，看誰的錢多。他們約定三天後到跨海大橋的「吼門」十六比錢，方法是把一百文錢串成一貫，丟到海裡，看誰的錢可以將海填平，於是比賽就在將軍丟一貫，張百萬丟一貫的情形下開始了。比到後來，將軍快沒錢了，他想：「錢可以丟，面子可不能丟！」所以趕緊命令手下把瓦片磨成和錢一樣大小的假錢來魚目混珠，一貫錢中只有前後二塊是真的，中間都是假的，但比賽結果，將軍還是輸了。所以為什麼現在「吼門」那裡的潮流會那麼

十六 吼門水道位於白沙、西嶼兩島之間，水流湍急，為澎湖海域第二險流，今有跨海大橋橫跨其上。

急？因爲如果水不急，錢就會被人拿走了。因此那裡雖然有寶藏，但一直沒有人敢下去拿。

後來巷港改了一個名字叫「瓦硐」，爲什麼叫「瓦硐」，也是張百萬的緣故。張百萬在大陸的生意做的很好，所以就回澎湖蓋祖厝。以前的房子，上面都要鋪瓦，一般人都用普通的石瓦，只有大官或有錢人才會用比較好的瓦，那張百萬就是用這種高級的瓦，這瓦圓圓、長長的，蓋在屋頂上，遠遠看去就像一條蟲一樣，所以人們就「瓦蟲」、「瓦蟲」這樣的叫，「蟲」字不好聽，後來就改叫「瓦硐」。至於張百萬去撿黑金的島，現在叫「金嶼」，在白沙市場的外海，大退潮時可以走過去。

講述：涂永宗、三十四歲、保險業、大專。師生
採錄：姜佩君
時間：八十五年十二月四日
地點：澎湖專校

（三）

清朝時，瓦硐住了一個叫張百萬的人，傳說他每次到後寮海邊釣完魚，總習慣撿塊石頭壓魚簍，使魚簍不會晃來晃去。回家後就把石頭往牆腳一丟，經過日積月累，牆腳邊就有一大堆的石頭。有一天張百萬無意間發現，那一堆石頭經

太陽曝曬後，竟然發出黃金般的光芒，他仔細一看，這堆不起眼的石頭居都然是黑金。後來當他想要用牛車到海邊多載一點回來時，就再也沒有這種石頭了。

張百萬有錢後，開始驕傲起來。每天黎明，鄉民務農的牛車從他家門前經過時，呱啦呱啦的聲音吵醒了他，張百萬就會開門出來罵人，這個舉止使得鄉民十分不滿。有一位姓呂的舉人，站出來替鄉民講話，於是和張百萬起了爭執，為了滅張百萬的傲氣，呂舉人便提議要和張百萬比賽誰的錢多，張百萬一口就答應。

聰明的舉人就將錢串成一串，一串錢中只有前後幾個是真錢，中間都是假錢。但如果把錢丟到地上，用假錢的事會被張百萬識破，所以呂舉人便提議到海上比賽丟錢，這樣用假錢的事就不會被識破了。但是比賽結果，張百萬用真錢，還是丟贏了呂舉人的假錢，但張百萬的財力也因此被削弱不少。據說現在吼門附近，還有漁夫撈到一個一個的古錢，傳說就是他們比賽時丟下去的。

傳說張百萬有錢的時候，蓋了八間大房子，叫做「八馬拖車」，是一個吉祥的兆頭。但後來因為太驕傲，被一個算命師設計，算命師對張百萬說：「你那麼有錢，應該在八間大房子旁邊，再蓋一間倉庫裝錢。」張百萬信以為真，就蓋了第九間倉庫，結果地理風水就變成「九犬分屍」，弄得他快要破產。等他知道其中的道理後，急急忙忙又蓋一間房子，想求得十全十美，但已經來不及了。

澎湖的珠螺，是本地的特產，將珠螺用鹽巴醃過後，會

變成另一種風味，相當下飯。而珠螺名字的由來，相傳是慈禧太后取的。據說有一次張百萬到北京做生意時，正巧有機會把珠螺送給慈禧太后吃，慈禧太后吃了覺得非常好吃，就很高興的問張百萬要什麼賞賜？張百萬說：「我們赤崁人以海為生，這個螺也是在海裡生長的，我希望回到澎湖後，站在赤崁最高的地方，舉目所見的海域都能成為我們赤崁人的。」慈禧太后答應了。所以像赤崁海域有丁香魚，別村的人便不能到那個海域去抓。還有無人島姑婆嶼盛產紫菜，因為也在赤崁人的海域，所以這個收採權便是赤崁人的，就連離姑婆嶼較近的吉貝人都不敢去採，如果採了，赤崁人抓到便會罰錢！後來這種醃製的螺，慈禧太后就賞了一個很好聽的名字叫「珠螺」。

講述：某司機先生、工作時聽人聊天說的
採錄：曾雅卿
時間：八十六年一月十六日
地點：鄰居家裡

（四）

　　張百萬是由唐山來澎湖的，他其實是經商致富，不是傳說講的在離島撿到黑金致富。當初張百萬來澎湖的時候，在「瓦硐」這個地方蓋了八間房屋，說也奇怪，八棟房子蓋完

後，他的生意就愈來愈好，怎麼做怎麼賺錢。後來有一位風水師來張百萬的家，發現八棟房子的建築樣式，正好是所謂的「八馬拖車」，所以他才能賺大錢。後來風水師就用計騙他蓋第九棟，破壞整個風水，讓他們家失敗。其實當時張百萬已是一位高齡老者了，真正的原因，是他的子孫爲了爭奪財產互相陷害，這才是他們衰敗的原因。

另外有人說，張百萬身邊有一個風水師。有一天，有隻羊掉到糞坑淹死，張百萬把羊肉送去給風水師吃，風水師很高興的說：「哇！今天加菜了。」送飯的奴才卻對他說：「這羊是掉入糞坑淹死，所以你才有得吃。」風水師很生氣，就把他正在發的風水破壞掉。風水師的故鄉在唐山，張百萬也在那裡幫風水師蓋一棟房子報答他，他後來回去家鄉，才知道他做錯事了。

有一個說法是說，張家會失敗，是因爲張百萬和呂石佬二人在互拼。他們兩個都是有錢的大戶人家，想比看看誰有錢，所以就用金去塡海。兩人開船到「吼門」那邊去塡，你丟一塊，我丟一塊。但張百萬是用真金下去塡海，呂石佬卻是用磚塡海，他的磚丟完了，張百萬的金子卻還未丟完，磚塡輸金，所以說有錢人囂張就是這個樣子。但現在想想卻是太荒唐了，你說多有錢也不可能拿金塡海，丟一、兩塊人家還相信，怎麼可能拿一整船黃金去塡海呢！

講述：張福來、五十六歲、國台語、小時候聽長輩說的
採錄：謝興維、陳世原、楊東銘、盧家偉、趙祐聖

時間：民國九十年六月十日
地點：白沙鄉瓦硐村

（五）

　　張百萬的本名叫張隱，由於家境貧困，經常到海邊撿貝殼，再將貝殼肉挖起來醃（俗稱螺螄醬，為澎湖特產），用來配飯。在一個偶然的機會，張穩到船上當工人，臨上船前怕船上吃飯沒有菜配，便帶了兩甕螺螄醬上船。

　　到了福建，遇到知府家中的管家，管家正因知府生病，食慾不佳，不知買什麼給知府下飯煩惱。張百萬知道了，就將螺螄醬賣給管家，知府吃了螺螄醬後，食慾大增，病情也因此好轉，所以就給張百萬一筆錢答謝他。

　　張百萬便用這筆錢買一艘船，往返福建做生意，慢慢的生意越做越大，也越來越有錢。後來他捐了一筆錢給朝廷，因此被冊封為「百萬將軍」，從此大家都叫他張百萬。

　　張百萬可說是當時全澎湖最富有的人，有一位從大陸來的算命先生替他算命，發覺不論是由面相或八字來看，他都不是富貴命而是乞丐命。所以他就天天跟蹤張百萬，想了解他富貴的原因，跟蹤了幾天，才在海邊發現，原來張百萬的大便是方的。所謂的「一貴破萬賤」，張百萬就是這點與眾不同，才能如此富有。

　　有人傳說，張百萬是得到一位地理師的指點，為他的房

子看了一個「五馬拖車」的好風水，所以錢才會一直滾滾而進。可是他後來得罪了地理師，地理師就將「五馬拖車」的風水改爲「五馬分屍」，從此張家便衰敗下去了。

講述：蔡文魁、四十七歲、工、初中、父女。幼時父親講述
採錄：蔡玉琳
時間：八十六年五月二十日
地點：馬公市光復路

（六）

　　張百萬是從大陸移民到澎湖的，最先是住在赤崁，後來搬到瓦硐。起初他以釣魚爲生，有一天一隻兔子從他旁邊跑過去，他就去追兔子，追著追著兔子就不見了，他非常洩氣也很累了，就坐在石頭上休息。那時正好太陽下山，他發現他坐的石頭會發亮，於是就搬了幾塊回去。搬回去後，他用斧頭敲石頭，不但沒有壞，反而更雪亮，於是張百萬就用牛車，趁著半夜偷偷摸摸的將那些會發亮的石頭，全搬到他瓦硐的家裡。後來找人鑑定，發現那些石頭都是黑金，他就變有錢人了。

　　張百萬有錢之後開始做生意，每天牛車運貨走來走去，發出很大的聲音，就吵到附近一個秀才呂石佬。呂石佬覺得張百萬很沒有水準，卻成了有錢人，很不高興，於是就去告

張百萬。官府不想得罪這兩人，就要他們自行解決，於是他們想了一個方法，就是比看看誰比較有錢。方法是在吼門那裡，水流最急的地方，把龍銀往下丟，誰能讓水流變小誰就贏。張百萬很老實，他就真的將一整筐的龍銀往海裡丟，呂石佬比較聰明，他的籮筐只有上下是龍銀，中間的放紅瓦片。比賽的結果是張百萬輸了，他的錢白白浪費掉，後來他就漸漸的敗亡下去。

有一個笑話說張百萬為何會那麼有錢？那是因為有一位算命師到張百萬家的廁所，發現他太太的大便是四角柱狀的，所以為張百萬帶來福氣，才能撿到黑金。

講述：林丙寅、八十歲、日本教育、當地老人說的
採錄：徐瑞霞、陳盈君、潘香君
時間：八十七年十一月二十六日
地點：白沙水族館

（七）

張百萬的黑金是以前海盜留下來的，他是因為有福氣，才能得到這些黑金。不過他只是個平凡的漁夫，所以也不知道他撿回來的是黑金，就把它堆成圍牆。直到後來有個大陸高人來澎湖，被張百萬家的圍牆嚇到，心想怎麼有人把黑金當圍牆，所以就去告訴百萬那是黑金。張百萬告訴他，黑金

是在小島上撿的，他帶高人去小島。或許只有張百萬有那個福份吧，那裡早就沒有黑金了，但張百萬從此變成一位大富翁。

後來有位很有錢的人，不覺得張百萬會比他有錢，就去找張百萬一決高下，相約到海中比賽丟錢，看誰的錢最多。那一個富豪他有耍陰謀，不過最後張百萬還是贏了。之後張百萬因家裡要拜拜，他請僕人幫他買香菇木耳。僕人怕忘記，一路唸著「香菇木耳、香菇木耳」，一路唸到市集，卻成了「香爐木主（神主牌位）、香爐木主」。買回去後被張百萬痛罵了一頓，從此張百萬就家道中落。

講述：某先生
採錄：廖勇翔、吳聲博、陳保宏、黃家輝、陳靜賢
時間：民國九十年六月

（八）

清朝初年，有位漁夫名叫張隱，他是由福建來澎湖的，以捕魚維生，生活過的很困苦。有一天他到海邊捕魚，無意中撿到許多黑金，於是一夕間就成了家財萬貫的大富翁，人們從此便稱他為張百萬。

張百萬有錢後，陸續興建了八棟房子，人們稱之為「八馬拖車」，後來又蓋了一座銀庫。但不知道為什麼，自從蓋了

銀庫之後，家道開始中落。人們眾說紛云，有人說是因為張百萬蓋了九間房子，「九」這個數字不吉利，才會造成「九犬分屍」家運不順。於是他的子孫又蓋了第十間，說也奇怪，在第十間房子落成後，家運開始順遂，成了「十全十美」。

　　張隱有個孫子叫張啓俸，他在雍正年間擔任千總的官職，那時台灣剛好有朱一貴的叛亂，雍正就派張啓俸到台灣討伐。因為張啓俸平定台灣有功，所以雍正封他為懷遠將軍，而且連他的父親、祖父也一起受封，就連他的妻子、母親、祖母，也都被封為太淑人，而且皇上還送了一塊匾額給他，由此可見雍正對張啓俸一家的厚愛。現在張家的那棟房子還在，可是張家人卻到日本去了。

講述：薛老先生、七十八歲、識字、台語
採錄：蕭雅萍、林怡萱、黃蕾意、郭庭妤、黃瓊嬋
時間：八十七年十一月一日
地點：白沙鄉通梁村

（九）

　　有一個地理師看張百萬長得猴頭鼠面，不是一個有錢人的面相，但卻這麼有錢，他覺得很奇怪，於是就到張百萬家作免費的長工，張百萬只提供吃住。在張家的期間，他就一直在觀察張百萬為什麼會有錢。

　　有一天張家的一個奴婢上廁所時被他看到，發現這個婢女的屁股是四方形的，地理師才知道，原來是這個婢女為張百萬帶來財富。地理師推算這個婢女身上，一定還有什麼帶來富貴的地方。經過打聽才知道，這個婢女身上的私處有一顆痣，痣上長了十三根毛，這十三根毛就代表張百萬的十三艘商船。

　　後來地理師對張百萬說：「你命中的錢，都不是你的福份，是別人為你帶來的。」張百萬不相信，地理師就想破他的財富，他煽動岐頭一個姓郭的有錢人，和他比賽用銀子填海港。張百萬用真銀填港，姓郭的卻有一半是假銀子，但是最後還是張百萬贏了。

　　地理師又發現，張百萬的房子，八間相連像八馬拉車，表示永遠興旺不退。於是他又叫一個有錢人，去張家屋子旁邊蓋一棟房子，破了這個穴，變成「九犬分屍」，結果張百萬的家就開始出事情。

　　地理師告訴張百萬，他的財富是家中的一個婢女帶來的，如果拔掉婢女痣上的一根毛，他的船就會沉一艘。張百萬不相信，地理師就和他打賭，沒想到真的只要拔一根毛，船就沉一艘。但是張百萬很鐵齒，還是不信邪，最後只剩三根毛，他就一口氣拔掉，結果船全部沉了，這時他想找那個地理師，卻已經找不到。

　　最後他集合家中所有的奴僕，打算請他們吃一頓飯後解散，因為他再也請不起他們。他叫一個僕人去買「金針木耳」加菜，僕人卻聽成「香爐木主」。他到市區買回了一大堆香爐

木主回來，張百萬看到一大牛車的香爐木主，當場就氣死了。

講述：夏先生、五十二歲、國小。聽長輩說的
採錄：王昭楠、劉雅春、蔡梅秀
時間：八十七年六月三日
地點：白沙鄉瓦硐村

（十）

　　傳說張百萬每次釣完魚，就在附近撿一個四四方方的石頭，魚竿扛在肩膀上，魚吊在後面，前面綁石頭保持平衡。日積月累，就帶了很多石頭回來，後來就用這個石頭圍一個雞寮。有一天，一個外國人經過他家，很吃驚的說：「這家人真有錢，用黑金做雞寮。」原來他撿回來的石頭都是黑金磚，從此他就變有錢了。

　　他那一村，有一個確確實實做生意，經營出來的有錢人叫呂石佬。有一次二個賭氣，你說你有錢，我說我有錢，到底誰有錢？呂石佬說那就用銀來填海，一次丟一個，輪流丟，看誰撐比較久，誰就有錢。後來他們真的開船去填海，那個呂石佬頭腦較好，把瓦片用紙包著當銀丟，只有頭尾一個銀，張百萬卻全部用銀。結果呂石佬用瓦片，還是丟輸張百萬。

　　他的敗落是清明日要掃墓，事先要到馬公辦貨。他交待家丁買十三兩木耳、十三兩香菇。家丁不識字，就用唸的「香

菇木耳、香菇木耳」，從巷港念到馬公，變成「香爐木主、香
爐木主」，於是就買了十三個香爐木主回來

　　以前白沙到湖西掃墓要坐船，十二個家人和一隻狗，坐
船去掃墓，突然刮起風，船被打破全部淹死，剛剛好符合那
十三個香爐、十三個木主。

講述：呂英偉，約七十歲、中學。幼時聽老人講的
採錄：陳勁榛、鄭慈宏、陳薏如
時間：八十六年七月三十日
地點：馬公市東衛里

（十一）

　　當時張百萬到金嶼去討海，每天要回來，就撿幾個黑石
頭，放在簍子裡帶回來。大的石頭就疊起來，小的就鋪在地
上，日積月累就堆了一大堆，也沒注意到那是黑金。一段時
間後，唐山有個地理仙來，看了就吐大氣的說：「這人怎麼這
麼有錢，用金子來鋪地！」地理仙就彎下身撿了一塊問：「這
塊要賣多少錢？」張百萬不知道那是黑金，就說「隨便啦！」
地理仙就拿了三十兩銀子買了那塊黑金。

　　這個地理仙，看出張百萬不知道這是什麼東西，就拿他
買的那塊，在地上隨便磨幾下，露出金子的顏色。張百萬一
看「怎麼是金？」「你不知道啊！」「不知道啊！」「不知道怎

麼會去撿？」「反正每次到海裡就撿幾個回來。」「撿多久了？」「十幾年了。」

地理仙在張百萬那裡休息上廁所，一進廁所，看到他的大便都是四角的，這才跟他講：「你有夠福氣！」「那裡還有嗎？」「有啊！」「好！明天我牽牛車來，把那裡的石頭全部撿回來。」隔天地理仙牽牛車過去，卻找不到半塊，這就是這個地理仙沒福氣。

張百萬有錢後，開始做生意，去大陸買東西，再回來這裡賣。那時赤崁有一個姓呂的叫呂石佬，嫌張百萬運貨的牛車從這兒經過太吵，就拿出斧頭，把牛車的牛軛斬斷，讓牛車不能走，所以他們兩個就因此告到官府去。可是二人都是有錢人，官府誰也不敢得罪，所以後來他們就自己提議說：「不然用比賽來定輸贏。」「比賽什麼？」「看誰有錢！我們把金子載來港邊，一次丟一個，輪流丟，先丟完的就輸。」赤崁那個呂石佬用磚做假，他的船上一邊放金，一邊放磚，二者摻雜著丟。而張百萬是用真金去丟，結果呂石佬還是丟輸張百萬，從此他不敢再去告張百萬，這件事就這樣不了了之了。

後來清明節，張百萬叫人到馬公買香菇木耳拜祖先，可是買的人聽錯，買成香爐木主，木主就是神主牌位。張百萬很不高興，不過既然買了就算了。拜拜回來時，船駛在海中間，忽然吹來大風，船一下就翻了，那個去買香爐木主的人，就掉在海中死了。

講述：方思溫、八十歲

採錄：姜佩君
時間：八十六年七月三十一日
地點：白沙鄉瓦硐村

（十二）

張百萬原本的名字叫張隱，「百萬」是他有錢後大家對他的稱呼。據說他年輕時遊手好閒，有次過年，大年初一放完鞭炮，正準備開大門時，突然有人敲門。他問：「誰啊？」回答：「我是進財。」「什麼事啊？」原來進財請求張百萬收留他做長工，張百萬認為過年開門有進財來是好兆頭，便收留進財當長工。不過因為當時張百萬還不有錢，所以沒有付薪水，只有負責吃住而已。

過完年，張百萬叫進財去海邊挖硓古石，到菜園裡圍菜宅^{十七}種菜。有一次他半夜尿急，去茅坑上廁所，冷風吹進來，冷得他直發抖。於是他想到白天挖硓古石時，附近有一些方形的黑石頭，可以撿回來蓋廁所。於是隔天他去挖硓古石，就順便載一些黑石頭回來，這樣持續了很久，終於用黑石頭蓋了一間廁所，還把剩下的石頭，堆了一道圍牆擋風，這樣半夜上廁所，就不用怕冷風吹了。

後來，一個地理師經過張百萬家，發現竟然有人這麼有

十七 菜宅是一種擋風的石牆。圍菜宅的目地，是為了抵擋強勁的東北季風及所挾帶的鹹雨，用以保護田裡的農作物。

錢，用黑金磚作圍牆。剛好張百萬從屋裡出來上廁所，地理師看他面相，並不是大富大貴之人，再跟著他到廁所，一看，又嚇一大跳，竟然連廁所都是黑金蓋的，更神奇的是，他的大便竟然是方的。於是地理師進到屋裡，跟張百萬要兩塊石頭，張百萬不知道石頭是黑金，便大方給他。

地理師看張百萬做人慷慨，就告訴他這些石頭是黑金，問他在什麼地方撿的？張百萬一聽是黑金，馬上叫進財來問。進財說在他挖硓古石的地方撿的，還有很多。張百萬急忙要進財帶他們去，誰知道他們去，原本的黑石頭都不見了。不過，就靠那些黑金，他就成爲全澎湖最有錢的人，人們改叫他張百萬，後來還被冊封爲「百萬將軍」，大家都以他爲榮。

有次張百萬要去掃墓，叫進財去馬公買香菇木耳，進財怕忘記，就一路唸著「香菇木耳、香菇木耳」，後來不知怎樣，就唸成「香爐木主」，總共買了十八個香爐和神主牌回來。張百萬很生氣的說：「叫你買香菇木耳，你買香爐和神主牌做什麼？」進財回答：「買就買了，反正以後用得到。」

隔天，張百萬帶一家大小坐船去掃墓，回來途中，忽然有人看見一條鯉魚頭上有兩支角，在船的左邊游來游去。大家好奇想看，就全部往船左邊去，船重心不穩就翻了，總共死了十八個人。這下進財買的十八個香爐和神主牌就用上了，而進財也莫名其妙失蹤了，從此張百萬家道就開始衰落。

據說張百萬的祖先葬在鯉魚穴，進財是一位仙人下凡來幫助他。傳說鯉魚長角後，會化爲龍飛上天，可是張百萬有錢後，行爲乖張不知惜福，在吼門跟人丟錢比賽，散盡了福

分，所以鯉魚穴不能轉化成龍穴，只能成爲鯉魚精壞了家運。

講述：張先生、六十五歲、國台語混用
採錄：陳雲慧、林雅秋、林明香
時間：八十七年十月二十五日
地點：白沙鄉赤崁村

（十三）

　　張百萬每天都到海邊釣魚，媽媽是撿珠螺，醃珠螺醬。後來他們想蓋一間雞寮，就在海邊撿一種四四方方的石頭回去，石頭很重，每次只能撿一兩顆，撿了很久才蓋好雞寮。

　　後來有一個風水師從唐山來瓦硐，看到張百萬家的雞寮，心想：「澎湖人真有錢！竟然拿黑金來建雞寮。」不過再想一想，可能是這個人不識貨，不知道石頭是黑金，因此就去跟張百萬說，想買雞寮的石頭，一顆一百兩。張百萬心想：「怎麼有人要買那種石頭？而且還出那麼高的價錢，那種石頭可能很珍貴。」所以張百萬就說要二百兩才賣。風水師想，二百兩也很便宜，所以就買了下來。買完後，張百萬就問風水師：「這個石頭是什麼呀？爲什麼花那麼多錢買？」風水師一聽，果然不識貨，才告訴他：「這是黑金呀！」

　　之後風水師跟張百萬說：「我教你如何用錢來賺錢。」於是張百萬開始做航運，有自己的船隊，由他的五個兒子經營。

他的生意越做越大，可是張百萬總覺得好像沒有賺很多錢。風水師說：「沒關係！我幫你找一塊地來蓋房子，就會更有錢。」後來就在瓦硐找到一塊雞母穴的地。但這塊地開光後，風水師會失明，因為雞母會吃他的眼睛，所以風水師問張百萬，是不是願意養他一輩子？張百萬說：「我這麼有錢，多養一個人有什麼問題。」於是就在這裡建了八落大厝，沒多久風水師果然雙眼失明，而張百萬也因八落大厝而越來越有錢。

張百萬一開始對風水師不錯，久了之後，開始嫌棄他，覺得家裡養一個只會吃不會做的瞎子。風水師喜歡吃羊肉，有一天一隻羊掉到糞坑淹死了，大家都不敢吃，張百萬就要下人弄給風水師吃，風水師不知道就把牠吃了。後來聽到下人私下聊天說：「風水師真笨！竟然不知道吃下去的羊是死在糞坑的。」風水師聽了就想：「好呀！我為了你雙眼失明，你竟然這樣對我！我要破壞你的風水，這樣我才可以離開這裡回唐山。」

因此風水師就跟張百萬說：「你想不想更有錢呀？」張百萬聽了就說：「當然想呀！」風水師就說：「你要在八落大厝後方建一間房子叫『寶庫』，門前還要用白石頭鋪一條長長路，代表『白銀進財』，這樣做你就會更有錢。」張百萬沒有懷疑，就按風水師的話去做。就在「寶庫」建好，開光的那一瞬間，風水師的雙眼忽然好了，他留下「以後我們各走各的。」的話就回唐山了。

張百萬猜風水可能出問題了，就又請了一個風水師來看，風水師看了就說：「你的風水已經被破壞了：原本的八落

大厝是『八馬拖車』，現在多加一間房子就變成『九犬分屍』；而白石頭路是蛇，蛇會把母雞吃掉。」張百萬問：「有沒有辦法可以救？」風水師說：「有！再找一塊地重建就可以了。」就這樣找到鯉魚穴，但因爲「以地就棺」[十八]導致風水被破壞。風水師說：「你已經沒那個福氣了。」張百萬不相信，覺得我已經做好了，沒問題的。

　　沒多久張百萬的家運開始出問題。第一個問題是跟小赤崁的一位呂秀才不合，因爲從瓦硐運貨到赤崁，一定會經過呂秀才的家，呂秀才嫌運貨的牛車很吵，不讓他的車隊通過，張百萬說：「反正我有錢你沒錢，你奈我何？」呂秀才很生氣的說：「什麼叫你有錢我沒錢！我們來比比看！」於是他們約在吼門水道比丟錢，一百文錢一貫，看誰可以丟比較久。一開始兩個人都真的丟錢下去，到了後來，呂秀才作弊用假錢，但還是贏不了張百萬。張百萬雖然贏了面子，但卻因此元氣大傷。

　　第二個問題是清明節時，張百萬請長工進財去馬公買香菇木耳十八斤，但他買回來的卻是香爐木主十八副。後來張百萬的船隊出事，正好死十八個人，進財買的香爐木主正好就用上了，他們家也就敗了。

　　傳說張百萬撿到黑金的事，曾傳到康熙皇帝的耳中，康熙就想：「怎麼有福氣這麼大的人可以撿到黑金！」因此就召見了張百萬。張百萬知道要去見皇帝後，就帶了母親醃的珠

十八　請參閱本書頁八十五，「張百萬的風水傳說（一）」。

螺醬給康熙當禮物。那時康熙皇帝的身體正好不太舒服，他吃了珠螺醬後覺得很好吃，而且全身通體舒暢，因此就高興的說：「你想要什麼東西？」張百萬說：「我不求什麼，我只要澎湖北海一些島嶼的管理權。」康熙聽了就說：「這還不簡單，不要說一些，只要你看得到的島嶼都給你。」因此張百萬就擁有澎湖北海島嶼的管理權。

講述：呂惠隆、約五十歲
採錄：呂育雯、鄭美穗、蕭淑棻
時間：八十八年十月二十五日
地點：馬公市

張百萬拾金致富的傳說

（一）

　　從前赤崁村有一位張百萬先生，他父親幫他取這個名字，並非他一生下來就很有錢，只是希望他有這個福氣，但沒想到後來他真的成了百萬富翁。原來年輕的張百萬因為好玩，常獨自一人到無人島釣魚，但因技術不好，一整天下來往往釣不到半條魚，所以後來乾脆就在小島上撿黑石頭玩，也順手拿一些回家。回家後覺得這些黑石頭挺漂亮的，便把它拿來圍圍牆，這樣日復一日，終於用這些黑石頭圍了一個

漂亮的圍牆。

後來一位外國人經過他家，看到圍牆驚訝的說：「先生啊！你真有錢！拿這些寶物當圍牆！」這時他才知道，原來這些石頭都是黑金，所以他便一夕致富，成為澎湖最有錢的人，也因此他撿黑金的小島，就被叫做金嶼。但我要告訴大家的是，現在金嶼已沒有黑金可撿了，因為我去過了。

講述：章美淑、二十歲、國語、小門耆老所述
採錄：謝佩璟、李慧菁
時間：八十六年六月十二日
地點：西嶼鄉小門村

（二）

張百萬雇了一個長工去釣魚，他每次都釣滿一整籮筐的魚回來，為了保持平衡，他就在扁擔的前面，綁塊石頭挑回去，回來後就將石頭丟在門口。有一次張百萬注意到門旁一個缺角的石頭發亮，仔細一看原來是黃金。張百萬問長工石頭哪裡撿的，給他工錢要他再去撿幾個回來。隔天長工很高興的去撿，卻發現平常那種方方正正的石頭都沒有了，不過張百萬也因為那幾塊黃金變有錢了。

以前從赤崁到瓦硐，必須經過小赤崁，有一次張百萬經過小赤崁時，吵到了正在休息的有錢人呂石佬。呂石佬很不

高興，就要張百萬到吼門比賽以錢填海，張百萬答應了，兩人就到吼門那裡，你一貫、我一貫的丟。張百萬是把錢一貫一貫串好去丟，呂石佬不老實，在錢跟錢的中間塞碎瓦片，結果呂石佬還是丟輸了，可見張百萬多有錢。

　　有人說張百萬是明朝從大陸過來的，在來之前世代都是讀書人或當官的，所以已經累積了一些財富。來澎湖後，利用原來的財富做兩岸貿易而發跡，而非風水或撿到黃金之故。瓦硐以前是商港，貨物都是從這裡進出，他們初期住在赤崁，後來為了貿易方便搬到瓦硐，就是證明。

講述：鄭英諧、六十五歲、退休教師、師生
採錄：鄭靜宜
時間：八十七年五月三日
地點：白沙鄉赤崁村

（三）

　　張百萬以前是個窮人，靠釣魚為生。有一天沒釣到什麼魚，突然看到一些石頭，在太陽底下，亮晶晶的很漂亮，他想到家裡的圍牆需要一些石頭，所以就撿幾塊回去。之後，只要他有空或釣不到魚時，就會去撿幾塊石頭回去。

　　經過一段時間，有一個開金子店的人，經過他家門口，就說：「是誰這麼有錢，拿黑金來圍圍牆！」這時張百萬正好

要出門，他就問張百萬：「先生、先生，你知道這石頭是什麼東西嗎？」張百萬說：「不知道，是釣魚時撿的。」這個賣金的人很老實，就跟張百萬說：「你知道嗎？這些石頭是很值錢的黑金。」張百萬聽了，高興的差點暈倒，就把黑金賣給他，變成有錢人了。

講述：易金龍、六十五歲、種田、賣冰、小學
採錄：王瑋逸、林東震、許俊豪、郭淑珍、葉韶晴
時間：八十七年十一月一日
地點：跨海大橋

（四）

以前有個算命師遇到張百萬，他遠看張百萬，覺得這個人應該家財萬貫，近看卻是個乞丐命。他覺得奇怪，就屈指一算，發現張百萬是有命沒運，所以就幫他安排了一個能為他開運的人，安排好一切後，便遊歷江湖去了。

那時張百萬的家境不是很好，每每都要靠在台灣開藥店的妻弟幫忙才可度日。這天妻弟由台灣回來澎湖，看見張百萬家的雞舍很髒，就交代他們要幫雞重新圍一個雞舍，所以張百萬每回到海邊，就順便撿一顆石頭回來。

這樣撿了很久，撿回來的石頭，已經堆成了一座小山。等到這年年終，張百萬的妻弟拿了一些錢，要給張百萬夫妻

時，看到他們家院子堆滿了小山般的黑金，心想：「我姊姊現在真是有錢啊！」而張百萬卻還渾然不知，那些石頭竟是價值非凡的黑金。

講述：鄭老大（爐主）、六十六歲、國台語
採錄：賴姿尹、林勤修、王得恩、吳逸群、鄭忠德
時間：民國九十年六月九日
地點：白沙鄉赤崁龍德宮

（五）

張百萬家中有一食客，他一直覺得很奇怪，依張百萬的面相來看，應該是有錢人，而不是現在的窮光蛋。有一天，他發現張百萬的糞便居然是正方形的，才恍然大悟，原來如此。於是，他便要張百萬去釣魚時，將所坐的石頭搬回來。

如此日復一日，張百萬的院子堆了很多石頭。這天，食客忽然想到：「要是有識貨的人把石頭偷走怎麼辦？」所以就告訴張百萬：「張先生，我在這裡讓你養了這麼久，你也沒要求過我什麼，今天我要告訴你一件重要的事，不過你要先將院子裡的石頭搬到屋裡，我再告訴你。」

張百萬覺得很奇怪，但仍然照食客的話做，叫子孫將所有的石頭搬進屋子裡。然後食客才說：「這些石頭都是黑金，不是普通的石頭，你若不相信，可以把石頭的外表刮一刮，

看看裡面是什麼。」張百萬照著食客的話做，發現那些石頭真是黑金。張百萬高興的問食客：「這些黑金要怎麼處理？」食客問張百萬：「你信得過我嗎？」張百萬回答：「當然。」於是食客就告訴他：「你將這些石頭交給我，我幫你處理。」

於是，食客便每個禮拜帶幾個黑金坐船到台灣換東西，然後再到鹿港買地。到後來，鹿港所有的地都是張百萬的，張百萬因此成為有錢人了。而張百萬也一直負起養那位食客的責任。

有一天，有一隻羊掉到糞坑裡，張百萬的僕人就將那隻羊殺了，煮給食客吃。食客覺得很奇怪：「張先生今天怎麼這麼好？殺一隻羊給我吃。」就問僕人原因，僕人把事實告訴他，食客聽了很不舒服，便想要復仇。於是他讓張百萬的兒子染上吃、喝、嫖、賭……等惡習，沒多久他就將家裡的財產敗光了。

講述：陳順義、八十四歲、小學、閩南語
採錄：蔡佐君、陳明雪、陳佳新、朱書賢
時間：八十六年十一月二十九日
地點：馬公市觀音亭

（六）

瓦硐北方有一個無人島，現在叫「金嶼」，這裡是張百萬

從前釣魚的地方。有一天他跟往常一樣去釣魚，卻都釣不到魚，因為無聊就撿了附近幾顆漂亮的石頭回家。後來變成習慣，每次去釣魚就順手撿幾顆漂亮的石頭回去，久而久之，家裡石頭堆積如山，他就把這些石頭堆起來當防風牆。

有一天從唐山來了一位地理師，他經過張百萬家門前，很驚訝的說：「居然有人用黑金做圍牆！」這時張百萬正好出來上廁所，就跟地理師打招呼聊天。地理師看張百萬面相，並不是富貴相，怎麼會這麼有錢？張百萬上完廁所出來，地理師也藉口去上廁所，想進去看裡面的風水，沒想到竟然看到張百萬的大便是方的，這才知道張百萬富貴的原因。

張百萬看地理師一直不走，就問他什麼原因，地理師要張百萬送他兩塊圍牆的石頭才告訴他，張百萬答應了，地理師才告訴張百萬這整片圍牆都是黑金。張百萬不信，就拿了一塊石頭給銀樓鑑定，結果確實是黑金，張百萬因此就成了有錢人了。

張百萬後來跟小赤崁的呂員外發生衝突，因為兩人都很有錢，所以就約定隔天到吼門丟銀子，以錢定輸贏。這個消息傳遍全鄉，第二天大家都來看熱鬧，兩人分別派了十多輛裝滿銀子的牛車來。然後張百萬丟一塊、呂員外丟一塊，輪流把錢丟到海裡，先丟完就輸。連續三天，呂員外已無銀子可丟，張百萬卻還是源源不斷運來銀子，最後呂員外只好認輸。後來大家才知道，呂員外是銀子磚塊輪流丟，只有一半是銀子，卻還是丟輸張百萬，可見張百萬的財富有多驚人。

講述：黃明男、四十二歲、赤崁村長、國中
採錄：羅瑞麟、林明煌、黃凱俊、劉嘉文
時間：八十七年十一月十四日
地點：村長家中

張百萬以金填海的傳說

（一）

　　白沙有個張百萬很有錢，他的錢都是從大陸載來的黑金。後來另一個大陸來的有錢人，聽說張百萬很有錢，不相信，就去跟張百萬比誰的錢多。二人約在吼門那裡丟金子，你丟一塊、我丟一塊，看最後誰還有剩下金子。那個大陸人使詐，用假的石頭鍍金去丟，結果張百萬的金子就全丟光沒錢了。聽說現在那裡還有張百萬丟的金子。

講述：許先生、聽同事說的
採錄：顏秋婷、呂佳紋
時間：八十六年十一月二十二日
地點：鄰居家裡

（二）

　　張百萬是個有錢人，當時通梁和西嶼中間的吼門水道很深，有一個人向張百萬說：「你若那麼有錢，我們來比賽，將龍銀丟到吼門，看能不能將海填平，以便人們通行。」於是兩人比賽丟龍銀，張百萬真的是有錢人，他丟的都是一整支的龍銀。而那個人不是真的有錢，他丟的只有頭尾是龍銀，中間都用鉛冒充。兩人丟著丟著，就把那深水給囤淺了。

講述：陳興、五十八歲、鎖港北極殿董事、台語、父女
採錄：陳秋主、許素香
時間：八十六年十一月三日
地點：馬公市鎖港里

（三）

　　聽說張百萬是在撿貝殼時，撿到一些黑金。後來西嶼有一個呂石佬要和他拼錢，他們約在現在跨海大橋中間的吼門，用龍銀去填海。張百萬是用真的龍銀去填，呂石佬是龍銀下面，鋪屋頂上的紅瓦片去填，結果呂石佬拆完家裡的瓦片，還是輸給了張百萬。

講述：吳德明、六十三歲、小學、台語
採錄：吳旻娟、廖筱韻、郭秋亭、李雪梅、洪千惠
時間：九十年五月三十日

地點：馬公興仁濟公廟

（四）

張百萬和一位姓呂的人相告，兩人相約在跨海大橋的吼門水道比財富。張百萬用的是純龍銀，姓呂的人卻使詐，每包龍銀只有中間的兩個是真龍銀，因爲要丟龍銀之前，雙方會將龍銀折爲兩半檢查，所以看到的是中間的真龍銀。比到最後，姓呂的龍銀已經丟完了，張百萬還剩下一大堆，張百萬雖然贏了，但已經開始要沒落了。

傳說張百萬的富有和衰敗都是因爲他的奴才。因爲有一位命理師到他家去，看到奴才的糞便是四角形的，於是告訴張百萬說，這個奴才會爲他帶來財富。這個奴才喜歡到海邊撿一些石頭回家，後來發現那些石頭都是黑金，張百萬要他再去撿，可是已經沒有了。

有一次，張百萬叫這個奴才去買掃墓要用的「香菇木耳」，可是奴才卻買成「香爐木主」，後來他便家道中落了。有人說，就是因爲奴才買了那些觸霉頭的東西，才會讓張百萬家道中落。

講述：鄭順青、七十七歲、廟祝、小學
採錄：周嘉鈴、楊雅淳、張巧欣
時間：九十年五月二十六日

地點：白沙鄉通梁村

（五）

　　大約清朝時，瓦硐有個叫張百萬的人，他是從大陸福建移民到澎湖來的，非常有錢，當地人都「百萬、百萬」的叫他，所以才叫張百萬。

　　有一天，福建有個人聽說他的財產很多，便來澎湖和他比，他們相約在跨海大橋那裡，你丟一塊金子，我丟一塊金子的比。二人從早丟到晚，張百萬的金子已經要丟完了，那位老兄卻還有很多。張百萬的臉都綠了，福建人便哈哈笑說：「你丟的是真金，我卻只有一、二塊是真的，其它都假的。」張百萬氣得跺腳，可是也沒有用，他的財產就這樣被搞垮，只剩下現在破舊的房子。

講述：許康南、六十二歲、國台語
採錄：張玄學、葉玉瑩、蕭彩蓮、李鳳嬌、何明璋
時間：八十八年十一月十一日
地點：馬公市四眼井

（六）

　　白沙鄉瓦硐村有個張百萬故居，張百萬是從福建來的，來的時候帶了很多錢，所以成為澎湖的大富翁。後來大陸那邊，有個富翁聽說張百萬很有錢，便來和他比賽，看誰的錢比較多。兩個人約在「吼門」這個地方數錢，看誰的錢先數完誰就輸。於是兩人就在那裡，對著漩渦口，你一塊我一塊的數起金塊來，從早上數到晚上，張百萬的金塊數完了，而那位先生的金塊還有剩，於是張百萬輸了這場比賽。後來那位富翁說：「你剛才數的是真金塊對不對？你太傻了，我數的是鍍金的，你被我戲弄了。」從此張百萬就變沒錢了。

講述：郭金甲、八十二歲、小學、台語
採錄：李雅娟、曾士馨
時間：八十八年十二月十一日
地點：白沙鄉講美村

（七）

　　赤崁村有一個人叫張隱，非常有錢，他就是後來人稱的張百萬。他有很多艘船和大陸通商，所以很多海盜都想搶劫他的船，可是幾次對張百萬商船攻擊的結果都失敗，因為張百萬有自己的護衛隊。後來海盜就約他談判，但談判沒有結果，於是海盜就賭氣的說，那我們來比比看誰的錢多。

　　比賽的地點約在跨海大橋的吼門水道，海盜用的是銀元

寶，而張百萬不服輸，要用金元寶。張百萬有一位管家很聰明，在回赤崁運金子的途中，發現金嶼島上有一些玄武岩，看起很像黑金，於是他便撿了一堆玄武岩，假裝是黑金的金元寶來和海盜比賽，結果海盜輸了。從此海盜就與他相安無事近一百年，因為這樣有功，後來明朝就封他為「懷遠將軍」。

講述：楊國寶、五十一歲、旅遊業、高中、國台語。
採錄：陳美慧、楊雅如、薛小琪、許雅婷
時間：八十八年六月五日
地點：馬公市安一大飯店

（八）

　　張百萬是赤崁人，因為得到大量的黑金而成為大富翁。他到底有多少錢，沒人知道，只知道當時有一個西嶼的廟公，看不慣他財大氣粗，想挫一挫他的銳氣，就向他下戰書，約在跨海大橋那裡比賽丟銅錢，先丟完先輸。

　　那位廟公本來就是要整張百萬的，哪來那麼多錢？當然是使詐。張百萬是老老實實的數銅錢，數一串丟一串；他是拿屋頂的瓦片，磨成銅錢的樣子，裝模做樣的數一串丟一串。結果他的瓦片丟完了，張百萬還有很多錢沒丟完，廟公只好乖乖認輸。之後張百萬的生活竟然一如往常，沒有受到絲毫影響，所以張百萬到底多有錢，真的不知道。

講述：某先生、台語
採錄：黃柏翔、易盟奇、陳人華
時間：八十九年五月二十三日
地點：馬公市東衛里

（九）

　　很久以前，在瓦硐和後寮有兩個非常有錢的員外，兩個員外是死對頭，又很愛面子，常常為了爭「誰最有錢」而鬧的不可開交。有一天其中一個員外想到了一個辦法，就是把金條堆在潮間帶上，等漲潮時看誰的金條先被海淹沒，誰就輸。這件事轟動了全澎湖，比賽當天，海邊聚集了許多人來看熱鬧。後來贏了比賽的員外很得意，就命令他的家丁開船到馬公，買很多香菇木耳請大家吃，因為香菇木耳是當時很貴的珍品。可是家丁聽錯，買了很多香爐和神主牌位回來，結果把這個員外氣死了。

採錄：黃美芳
時間：八十七年十二月

張百萬的風水傳說

（一）

　　張百萬自從得到「黑金」以後，就開始從事航運事業，有如天助一般，沒幾年事業就擴充的非常大。中國人的傳統，事業有成後，就要回鄉祭祖，把先祖留下的宅院整建一番，以感念先人的德澤庇佑。張百萬也不例外，在他事業發達後，特地從唐山聘請一位名地理師，回鄉將祖墳遷葬整建。地理師走遍澎湖各地，終於在「港底」（今湖西鄉成功村）的地方找到一良穴—「鯉魚穴」。張家非常高興，擇定吉日進行遷葬。

　　誰料百密一疏，就在棺木要葬下的時候，赫然發現棺木太大了，原來工人是依照一般棺木大小挖的土坑，容不下張家特製的大棺木。張家無奈，只得指示工人要將土坑挖大，這時，地理師極力勸阻：「千萬不可『掘地就棺』，而要『裁棺就地』啊！」但是張家不從，以為世上那有破壞棺木的道理，於是就叫工人動手開挖。不久地上隱約有暗紅色土水流出，這時天空也飄起雨來，修完墳後大家急忙回家，而地上滲出的暗紅色土水，和著雨水流了將近一天一夜，看在地理師的眼中只得無奈的搖頭：「沒這個命也沒辦法啊！」

　　自此，張家的事業急轉直下，先是載有三十六名家丁的採購船於海上航行時，有人發現船側有大鯉魚，於是眾人齊集船側爭相觀賞，忽然一個大浪打來，船隻應聲翻覆，眾人皆命喪海底。此後張百萬的船隻出海必遇風浪，終至步向衰

敗的命運。

講述：戴能溫、五十六歲
採錄：涂永宗
時間：八十六年三月二十四日
地點：湖西鄉中西村

（二）

　　以前在白沙鄉瓦硐村有一位張員外，他很相信地理風水之說，就請了全縣最高明的風水師，替他找好風水。找了很久，終於在成功村那裡找到一處鯉魚穴，那員外很高興，就將祖先重新葬在那裡。

　　那年清明節將至，員外交待僕人到市集買金針木耳各二十四兩回來。那僕人怕忘記，一路走一路唸著：「金針木耳、金針木耳」。走到半路跳過一條水溝，就唸成「香爐神主、香爐神主」，最後就買了香爐，神主牌各二十四個。回家後，員外看了很生氣，痛罵僕人一頓後，就叫僕人拿到倉庫去收著。

　　到了清明節，員外帶著二十四個家人、僕人，坐船到墓地掃墓。船行至半途，船邊忽然出現一條很美麗的鯉魚，眾人很好奇，統統擠到船邊看，結果重心不穩船就翻了，全船二十四個人，全部喪命。

　　後來翻船的海邊就很不平靜，常常有鬧鬼的傳說，村民

都很害怕，不敢去捕魚。後來沙港的王爺顯靈，鎮住他們，才又恢復了往日的平靜。這是鯉魚穴被破壞，鯉魚精報仇的故事。

講述：歐翁秋女士、約五六十歲、商、不識字、台語
採錄：翁慧敏
時間：八十七年十一月二十九日
地點：馬公市

（三）

　　從前，澎湖巷港有一個張百萬，他祖先的墓葬在港底的鯉魚穴。張百萬有一個奴才，名叫進財，住在外面的佔間（儲藏室），他要進財在每年過年天亮時來敲門說：「頭家啊，開門呀，進財來哦！」張百萬就會很高興的說：「進財來哦！進財來哦！」再開門。因為這樣年年進財，所以越來越有錢。後來，有一次過年的天氣非常寒冷，進財依舊一大早來敲門說：「頭家啊，開門呀！進財來哦！」敲了幾次，裡面都沒有回答。再敲門，張百萬半睡半醒的大叫：「死人財呀，怎麼那麼早來敲門。」

　　沒多久，張百萬要到港底掃墓，他要進財先到馬公去買香菇和木耳。進財怕忘記，就邊走邊唸：「香菇木耳、香菇木耳。」到了半路，不小心踢到一塊石頭跌倒，起來就忘了要

買什麼。想了一想，好像是要買「香爐木主」，於是就一路唸著：「香爐木主、香爐木主。」到了媽宮也不知道要買多少個，就隨便的買了十八個。

這時，張百萬及家人坐船，從巷港出發到港底掃墓（以前尚未有永安橋及中正橋，所以須搭船）。途中，有人看到海裡有一隻雙頭鯉魚，大家爭著去看，結果船身無法保持平衡，一傾斜，船上十八人全部落水死亡，進財買的十八個香爐木主就用上了。從此，張百萬家便沒落了。

另外有人說，張百萬會如此有錢，是他住家後面有一個「撞鐘穴」。由於巷港過去是個商港，來往的人很多，大家都是以牛車做運輸工具，而張百萬家在港口附近，牛車經過他家後面，發出「鍊鐺、鍊鐺」的聲音，就像撞鐘一樣。因來往的人很多，「撞鐘穴」愈撞愈響，張百萬也越來越有錢。後來由於商港沒落，牛車來往減少，張百萬便沒落了。

講述：王賜得、七十歲、農、不識字、台語
採錄：楊秀芳、王秋賢、魏旭敏
時間：八十六年九月二十九日
地點：湖西鄉紅羅村

（四）

張百萬會變富有，是因為風水師幫他看了一塊「八馬拖

車」的風水。但風水師將風水告訴張百萬，是洩漏天機，會成爲瞎子，所以張百萬便負起照顧他的責任，把他服侍的很好，三餐也吃得很豐盛，因此他也不以爲意。

有一天，風水師吃到雞肉很高興，後來卻聽到一個小孩子說，那是病死雞做的，風水師因此懷恨在心。想到自己爲張家失去雙眼，不得已才待在張家接受照顧，並非無功受祿，但他們居然各嗇到用病死雞給他吃，於是便計劃報復。他告訴張百萬：「如果你想更富有、子孫更好的話，就要在你們現在的房子旁邊，再蓋一棟房子。這樣你們家就會更發達，子孫也能受福澤。」張百萬因不懂風水，便依風水師所說，在旁邊多蓋一棟房子。結果一蓋完房子，風水就變成「九馬分屍」，這是很壞的風水，所以房子才建造完成，張百萬的家道便開始中落了。

據說他家道中落的開始，是和小赤崁一個秀才打官司。因當時打官司要花很多錢，所以秀才便提議以比賽誰錢多定勝負。他們決定將錢一封一封裝好，開船至吼門，把錢丟進海裡，你丟一個我丟一個，最後沒錢的就算輸。秀才因爲是讀書人，有點小聰明，所以裝的是假錢，張百萬卻是用真錢，但最後還是張百萬贏了。張百萬雖然贏了官司，可是把那麼多錢丟進海裡，損失也是很大。後來他的船隊遇到大風浪沈沒，於是家道衰落，沒有錢了。

講述：楊錦隆、五十歲、服務業、高中。父女
採錄：楊雅如、陳美慧、薛小琪、許雅婷

時間：八十八年六月五日
地點：馬公市光榮里

（五）

　　瓦硐那裡住了一個張百萬，那時他是很窮苦的一個人。有一天他碰到一個算命師，告訴他說，家裡的風水要改才能有錢，張百萬就請他幫忙改風水，然後他就挖到黑金發財了。他發財後，很會佈施做好事，後來就取了八房太太。取了八房太太後，算命師要他在家裡多蓋八間房子，讓運氣更好。

　　張百萬會那麼有錢，是那個算命師用眼睛換來的。因為那個風水，一定要用人的眼睛去「祭」才能得到。張百萬的老婆（原配）很厲害，就說：「除了你還有誰？」這個算命師為了改變他家的生活，就真的用自己的眼睛去祭，後來張百萬果然挖了許多黑金、賺了很多錢。

　　有錢之後，張百萬的老婆開始外遇，所以想盡辦法要趕算命師走，但是張百萬什麼都不知道。他老婆外遇的對象也懂風水，知道算命師不能吃羊肉，不然會破功，於是故意要她準備羊肉給算命師吃。算命師雖然看不到，但是一聞味道就知道不對，他知道這女人不懷好心，故意要他破功，也不跟張百萬說，就悄悄的走了。

　　張百萬的鄰居，有一個女孩很可憐，張百萬時常幫助她。有一天這女孩正好來張百萬家裡，太太就逮住機會，說張百

萬和這女人有私情，吵吵鬧鬧的。那個算命師雖然離開了張家，但家裡發生的事他都知道，他算出來那個女孩是張百萬命中注定的太太，就回去見張百萬，把所有的事情跟他說，於是張百萬就休了他的老婆，娶了那個女孩。

講述：潘曾文平、六十五歲、日本教育、護士與病患
採錄：陳珏君
時間：八十九年十二月八日
地點：國軍澎湖醫院洗腎室

（六）

　　傳說張百萬遇到一位算命師，算命師告訴他：「有一個地方的風水很好，要是把祖先葬在那裡的話，以後你會很有錢，但是我告訴你這個地方後，就洩露了天機，從此會變成瞎子，你願意養我一輩子嗎？」張百萬答應了，於是算命師就把地方告訴張百萬，算命師果然從此成了瞎子。

　　自從葬在好穴後，張百萬的生意越做越好，到最後家財萬貫。張百萬一直都很照顧算命師，但後來因為太忙，就沒那麼殷勤了。有一天傭人端羊肉給他吃，算命師很好奇，問為什麼今天吃這麼好？傭人說：「羊掉下糞坑淹死，沒人要吃，所以再多也弄給你吃！」算命師聽了很不高興，心想我是為了你才瞎掉的，你竟然這樣對我，於是便想報復。

　　正好張百萬家中有人過世，於是算命師就騙張百萬，說他知道有一處的風水更好，葬下後會有更多的錢。張百萬心動了，就聽算命師的話葬下去了。一葬下去，原來的風水就破壞了，張百萬作生意不再順利，頻頻虧損，漸漸就沒落了。

　　這中間有一段插曲，說張百萬和呂阿舍打賭看誰的銀元多，相約到跨海大橋的吼門比賽丟銀元，看誰的錢較多，可以把海填平。呂阿舍用的銀元，只有前面和後面是真的，中間都是假的，而張百萬的銀元卻全都是真的。比賽結果雖然是張百萬贏了，但也因此損失不少銀元，這大概也是張百萬沒落的原因吧！

講述：鄭永得、五十六歲、公務員
採錄：歐美芳、陳佳秀、顏秋婷、呂佳紋、周美芳
時間：八十八年六月十三日
地點：馬公市文光路

張百萬的敗亡及其他傳說

（一）

　　張百萬因為撿到黑金而一夜致富，所以，他便到處去炫耀他的財富，去跟別人比有錢。後來他找到一戶有錢人家，兩人不知道誰的錢比較多，就決定來比燒錢，看誰燒得多，

誰就最有錢。燒到最後，張百萬的錢都燒光了，另一位有錢人還剩下五塊錢，所以張百萬就輸了，一夜之間又變回窮光蛋了。

講述：鄭文禮、四十八歲、商、初中、國語
採錄：陳雅娟、林秋雲、廖香雅
時間：八十六年九月二十九日
地點：馬公市新生路

（二）

張百萬有一個奴才叫傻客，這傻客的屁眼是方的，所以別人的大便是圓的，他的大便卻是方的，張百萬會發財是因為傻客的關係，所以後來就把他改名叫進財。每天張百萬就坐在桌子那裡，天亮就叫：「進財來喔！」進財就要回答：「來嘍！」每天都這麼做，所以張百萬就有錢起來了。

張百萬發財是靠傻客，敗也是因為傻客。張百萬要敗之前，傻客很想結婚，鄰居就挑撥傻客說：「你老闆這麼有錢，都是因為你的關係，他卻壞心不幫你討老婆，你不要再幫他。」傻客聽了覺的很有道理，想說：「我幫他發這麼大的財，卻也不幫我娶一個老婆。」後來張百萬叫：「進財來喔！」傻客就回：「死人財、沒人埋。」講的很難聽！張百萬就是從這時開始敗了。

　　沒多久，清明節到了要掃墓，張百萬家的墓是葬在小島上，要坐船才能到，所以張百萬事先叫傻客下馬公買香菇木耳十三斤。傻客邊走邊唸要買的東西，走到渡口，不小心踢到石頭差點跌倒，起來後就把要買的東西忘記了。然後想著想著，「對了！老闆要買『香爐木主』十三副。」

　　後來張百萬一家十三口和傻客共十四個人，全部坐船去掃墓，船行到海中央，突然刮起一陣大風，把整艘船吹翻，剛好死了十三個人，只有傻客好運沒死。傻客事先買的十三副香爐木主，就正好用上。

講述：劉大、台語
採錄：王祥霖、張詩紋
時間：八十七年十二月十三日
地點：湖西鄉龍門村

（三）

　　張百萬叫家中的一個奴才，用牛車去海邊載沙，結果每次載回來的都是白銀不是沙，張百萬因此而致富。聽說張百萬祖先的風水很好，在對岸的島上。有一個清明日，因為要掃墓，他就叫這個奴才去買「香菇木耳」回來。結果這個奴才唸著唸著，就變成了「香爐木主」。到了店家，老闆問他要買什麼，他說要買香爐木主。老闆又問要買多少，他回答說

要十副。買回來後，張百萬他們就坐船去掃墓，因爲他是奴才所以沒去。後來遇到大風翻船，死了十個人，他買回來的香爐木主剛好派上用場，自此張百萬家就逐漸失敗。所以張百萬是因爲這個奴才致富，也是因爲這個奴才而家敗。

講述：呂天註、六十八歲、農、小學、台語、一貫道道親
採錄：歐秋萍
時間：八十九年十二月十四日
地點：馬公市東衛里講述者家中

（四）

　　張百萬和蔡進士結伴去大陸考試，後來張百萬發現蔡進士的學問能力都比他好，所以便放棄了考試。可是當初他執意來考，如果沒考就回去，是很沒面子的事，於是就留下來做生意，不久就賺了很多錢。後來蔡進士高中，要返鄉祭祖，就約張百萬一起回去。這時張百萬已經很有錢了，所以就租了一艘船，把他所有的錢載回來。

　　回到澎湖後，白沙一個有錢人，聽說張百萬比他有錢，就很嫉妒他。後來二人發生口角，就決定以錢的多寡，來判定誰是誰非。比賽的方式是一個人坐一艘船，船上載滿黃金，用黃金來填海，先填完的就輸。結果是張百萬贏了，所以張百萬就成爲澎湖最有錢的人。

講述：黃晚達、商
採錄：施慧玲、溫淑卿、周書敏、林純惠
時間：八十六年十月二十五日
地點：馬公市

（五）

聽說張百萬這個人，生的不漂亮，有沒什麼體力，是一個矮矮的人。那風水先生就想：「他這個人明明就沒這個福相，怎有可能這麼有錢？」他想張百萬一定有個「暗貴」，不然不會得到黑金，所以就跟蹤他。最後跟蹤到他上廁所，他看到張百萬是「四角屁股」，拉的屎也是四角的，才知道這就是一種「暗貴」，所以他才有這個福氣撿到黑金。

講述：鄭文化、七十三歲、漁、日本教育、房東父親
採錄：姜佩君
時間：八十六年七月二十八日
地點：馬公市西衛里

三、其他人物傳說

（一）文士官吏的傳說

辛濟公的傳說

辛濟公^{十九}考試考了三次才中舉人。在前二次的考試，他把自己寫的文章拿去賣，結果那些買他文章的人士都考中，自己卻落榜。第三次考試時，主考官問辛濟公說：「你為什麼年紀這麼大了才來考試？」辛濟公回答：「我的名字叫濟，讀聖賢書，就是為了要一生濟世。」後來就考中了舉人。

有一日辛舉人在街上逛，遇到一位姓蔡的老人，他一看到辛舉人，就朝他的頭打了一巴掌，連帽子也打飛出去。辛舉人的子孫看到了，心裡很不是滋味，認為：「一位舉人的頭，怎能讓人隨便亂打？」就準備要出去惹事。辛舉人連忙阻止他們說：「他不是打我的頭，他是看到我的帽子有一點髒，要幫忙把它拍乾淨，結果不小心，把帽子打飛出去。」子孫因此才忍下這口氣不再追究。

可是這位蔡姓老人卻到處去跟人家說：「我打了辛舉人的頭，他和他的子孫都不敢惹我，以後還有誰敢惹我？」不久，

十九　辛濟公殆辛齊光之誤（台語音近）。辛齊光少年力學，嘉慶六年為歲貢第一，嘉慶十八年為癸酉科欽賜舉人，時年六十八矣。皓首登瀛，為澎士先，有「開澎舉人」之稱。

蔡老人在湖東一間製造花生油的商店，把人家的油桶剖開，讓油流到溝裡（這條溝以前位於湖西天后宮廟前，現已填平了）。後來這條溝與兩邊長了蓮花的池子，形成「一品」二字，地理師說，這塊地是一品之地。

不久蔡老人被抓去關，他的子孫沒有一個去探監。只有辛舉人拿了一隻被斬斷腳的蟳去探監。蔡老人很後悔的跟辛舉人說：「若當時你願意教我，我今天就不會是這樣的下場。」辛舉人拿沒腳的蟳去看他，意思就是要告訴他：「一隻蟳若沒有腳就不會爬。如果你不知悔改，就像這隻沒有腳的蟳，還是認命的被關在這裡吧！」

講述：辛西楚、七十七歲
時間：八十六年十一月九日
地點：湖西鄉、天后宮
採錄：鄭靜宜、李淑婷、顏蕙瑜

興仁三通

大家都知道澎湖出了一個蔡進士，是興仁里的人，所以「興仁三通」的第一通一通自己，就是指蔡進士。蔡進士因為確實知道自己有多少本事，所以各項考試都能很順利通過，表現突出，所以說他「通自己」。

第二通一通外人。意思是說他對外人說的話都通，對自

己就不通。比如說考試，他跟別人說這個會考、那個會考，後來果然都考出來，因此大家都考得很好，可是他自己卻考不好，所以說他是「通外人」。

第三通－通不知。意思是說他對自己的實力完全不知道。此人為我們張家的祖先張建勳[二十]。他在三十歲的時候，除了開間私塾教書外，自己也下田耕作。有一天他在田裡耕種時，鄰居跑到田裡告訴他，他的學生考上了秀才，正準備來謝師。他想這位學生平常的表現也不怎麼樣，哪會考上秀才，就半信半疑的回去看看。結果，一回去便鑼鼓喧天，學生一見到他，連忙走向前來拜謝老師。學生告訴他，憑老師的能力，隨便考也能考得上。這番話給了張建勳不少信心，他想連學生都能考上，自己應該也行吧。於是，他便參加了下一次的科舉，果然順利的考上秀才。所以說他「通不知」－不知道自己有這個實力。

講述：張耀欽、三十九歲、大華航空、高中、國語
採錄：鄭淑芳、鄭劭琦、張悅華
時間：八十六年十一月十日
地點：馬公市朝陽路

二十　張建勳，雙頭跨人，補弟子員。性耿直，家貧，授徒不計脩金厚薄，受地方好評。

張氏祖先的故事

　　算起來這是我們張家從大陸到澎湖的第四代祖先的事。這個祖先很會讀書，有一次他坐船到台南參加考試。去的那天，他家一隻老母雞突然跑到門口像公雞一樣的叫，當時鄉下婦人沒知識，認為這是不好的徵兆，就把這隻雞捉起來剁了，丟到後院裏。

　　附近有一個老光棍，靠撿牛糞為生，正巧看到了，就把雞撿回去吃。吃後不到三天的時間，眼睛就瞎了。幾天後，一位走江湖的術士經過，老光棍就向他請教：「為什麼他會無緣無故的變瞎？」術士算了算說：「你沒這個福氣，卻吃了一個秀才（指那隻雞），所以眼睛才會變瞎。」

　　另外，那個祖先到台南應考，因為早到了，又胸有成竹，便去四處逛逛。在街上看到有人在賭博，就蹲下去和他們玩。玩了多久也不知道，總之，等到他身上的錢全部輸光後站起來，已經是人家放榜報喜的時候了，因此他就沒考上。他覺得很丟臉，後來就到七美教書，在那裏定居下來。

講述：張耀欽、三十九歲、大華航空、高中、閩南語
採錄：呂正泰、葉美麗
時間：八十六年六月二十三日
地點：馬公市興仁里

鎮台失明周的傳說

澎湖最後一任鎮台（即澎湖最高長官）叫失明周，因為他是個瞎子。他的叔叔是宰相，失明周常常吵他叔叔說：「你當了宰相，也不給我一官半職。」他叔叔想，若派他到國內的任何地方當官，難免會有巡按大人去視察，若被發現我派個瞎子當縣令，這樣就糟了。再三考慮後，就決定派失明周來澎湖。因為澎湖遠在海外，若有大官要來巡查，一定要經過宰相批准，只要宰相不批准，就沒有人可以到澎湖。到時再指派一些能幹的師爺、侍衛輔助他，應該沒什麼問題，所以失明周就做了澎湖的鎮台。

失明周到澎湖後，出門都由師爺牽著，加上戴著墨鏡，所以沒有人知道他是瞎子。後來清政府簽定馬關條約，把台灣、澎湖割給日本。不過由於清政府腐敗，並沒有行文下令軍隊撤守及移交事宜，所以若澎湖百姓起來抵抗，日軍便不能如此簡單的就接收澎湖。可惜就因為鎮台是失明周，他把能力比他好的人，全部派往西嶼駐守。所以本島無人，日軍就輕輕鬆鬆的由馬公登陸，接管澎湖了。

當時傳說，失明周手下有一名武官，能力很好。當初若能由他來主事，日軍是不可能如此輕鬆的進駐澎湖。只可惜這位武官並沒有做大官的親戚，所以他被失明周調到西嶼，沒多久，失明周就把澎湖奉送給日本了。

講述：蘇進福、七十五歲、漁、小學

採錄：吳政妙、歐麗蘭
時間：八十六年十月廿三日
地點：馬公市光榮里

（二）宗教人物的傳說

邵海法師的傳說

　　邵海法師年輕的時候，到唐山學做法師，學成後回澎湖，就在井垵幫人家治瘋子。因為那時明朝初年，陰氣比較重，邪魔很多，碰到邪魔就會發瘋。

　　有一次，案山一戶人家的兒子犯了邪魔發瘋，來請邵海法師驅魔。可是這個患者發瘋是因果的關係，閻王有出令牌讓邪魔來糾纏他。所以邵海法師一進門，患者（邪魔）就對他說：「你來、我走，是給你面子，但你走後，我照樣要糾纏他。」邵海法師說：「這樣我不是不用賺錢了。」所以就施法治好患者。治好之後，主人辦了一桌酒席請邵海法師，邵海法師一直喝到七八分醉才離開。

　　邵海法師一路走回去，走到案山一個山坡上，突然出現七、八個小孩，拿牛鞭攻擊他。他因為喝醉了，沒發現小孩是邪魔變的，就用隨身的煙斗和他們對打，小孩的人多，邵法師就被打下海邊。等到他酒醒過來，才發覺那些孩子不是人，不過此時孩子已經消失無蹤了，他勉強撐起身子走了幾

步，就摔倒在海邊昏過去了。後來他被巡海的漁夫發現，趕快通知案山的那戶人家，然後再通知邵海法師的兒子來接他，差不多經過一個月的療養，邵海法師才好起來。

講述：石天佐、四十九歲、漁、小學、閩南語講述、父女
採錄：石慧琪、楊瑜璿、陳美竹、莊惠如
時間：八十六年十一月
地點：馬公市井垵里

石兩專的傳說

　　石兩專是邵海法師的兒子，他一樣有法力，靠驅邪趕魔為生。有一次，鎖港的人請他去驅魔，完成之後請他喝酒，他一直喝到七八分醉才回家。從前，驅除邪魔後的東西，如雞、青布、紅布、花布，是歸法師所有，所以石法師就帶著這些東西回去了。

　　他才走出鎖港里，就看見一盞青火在前面飄，他知道那是壞東西，就去追。一直追到山水里的海邊，聽到海浪的聲音，才突然清醒過來，所以就轉身回去。這時青火不見了，換了紅火在前面引路，一路把他引回井垵里的村口。

　　紅火在前面引路的時候，那些壞東西都不見了，到了村口紅火消失，那些壞東西就又出現，把墳墓變成房子、墓碑變成枕頭。石法師看見有房子，就走進去倒頭就睡。天亮以

後，他的子女想說石法師怎麼一夜沒有回來，就出來找他。結果發現所有的東西：青布、紅布……丟了整個路上，而石法師竟然睡在墳墓上。

講述：石天佐、四十九歲、漁、小學、閩南語、父女
採錄：石慧琪、楊瑜璿、陳美竹、莊惠如
時間：八十六年十一月
地點：馬公市井垵里

假乩童

　　從前西嶼的某間廟有一個假乩童，某日廟會，各神轎要遶境出巡，這位乩童也裝模作樣的拿了一把劍，踩在轎槓上抖動著身子，隨著神轎出巡。當轎隊在田野繞行時，站在轎槓上的假乩童，看見一頭牛正在吃他田裡的蕃薯，便想請掌黑旗的護法去趕那頭牛，於是一面嘴裡含糊地唸著：「牛食薯，牛食薯。」一面以手中的劍指向那頭牛。護法聽不懂他講什麼，順著他的劍勢看去，就只有一頭牛而已，並沒有任何不乾淨的東西，護法心裡一直弄不懂假乩童的意思。

　　這個假乩童，看護法並沒有依他的指示去趕牛，心裡一著急，等到神轎接近那頭牛時，他就從轎槓上跳下來，直奔那頭牛，拿劍一直打在牛的屁股上，喊著：「牛食薯，牛食薯。」這時候大家都笑了起來，於是假乩童的技倆就被拆穿了。

講述：許天賜、四十三歲、漁、初中
採錄：龔盟文、柯敏裕、陳亦中、江來義、藍玉龍
時間：八十六年六月八日
地點：白沙鄉通梁村

缺德道士

從前有一位道士，他的法力高超，但眼睛卻不怎麼好。某一天有人要作弄道士，故意跟他說：「說你法力有多高，我才不相信呢！不然我和你打個賭。」道士就說：「好呀，你要賭什麼？」那個人知道道士眼力不好，就故意說：「前頭有位小姑娘，你有沒有辦法讓那位姑娘把衣服脫光光呀？」道士說：「那有什麼問題呀！」他就寫了一張符，再用火燒掉。不一會的時間，那個姑娘真的把自己的衣服脫光光，等到她回過神，才發現自己把衣服脫光光。其實這位姑娘是這位道士的女兒，當她知道是她父親作法讓她丟臉時，她覺得很難堪，後來就上吊自殺了。

講述：許溫西、法師、閩南語、阿嬤說的
採錄：廖勇翔、吳聲博、陳保宏、黃家輝、陳靜賢
時間：民國九十年六月十六日
地點：鎖港北極殿

幾個法師的傳說

　　從前有位洪姓法師，他法力高強，喜歡出風頭。某日凌晨，他挑一擔菜頭至馬公販售，行經港底成功舊橋，聽見花叢中發出奇怪聲音。當時港底盛傳豬哥精鬧事，他以為豬哥精躲在花叢準備害人，便掐指施法往花叢一比，頓時花叢霹靂啪啦響，然後他若無其事的繼續挑著菜頭至馬公販賣。等到中午回家，那叢花已像被火燒一樣的枯萎了，沒傷到豬哥精，反而傷到花叢，可見法術之厲害。

　　洪姓法師有一塊蕃薯田，種植的很漂亮。有一天，他嫁到東石的女兒，直接到他田裡，割一些蕃薯栽回去做種，想說晚一點再跟爸爸說，當時剛好才下過雨。不久法師到田裡一看，發覺蕃薯栽少了一大片，因下過雨，地上留有清楚的腳印，他就在腳印畫一道符令，然後用一根鐵釘往腳印插。過了兩、三天，東石村的女婿突然前來報喪說：「幾天前我太太去你田裡拿蕃薯栽，回家後莫名其妙腳底發紅，就這樣死了。」這時法師才後悔作錯事，竟然親手害死自己女兒。

　　某日清晨，有三位法師一起吃早餐，看見同村的一個女生，拿著髒衣服要去井邊洗。甲法師就說：「某某家女兒長大變漂亮了。」乙法師也說：「漂亮又勤勞，誰娶到她誰有福氣。」丙法師說：「簡單，今天晚上就叫她來陪我睡覺，不信我們來

打賭。」

下定賭注，丙法師便拿起一個饅頭，在上面畫一道符，滿臉笑容的走到女生面前說：「一大早就來洗衣服，還沒吃早餐吧？這粒饅頭給妳吃。」說完便把饅頭塞給她，轉頭就走。女生只好收下，趕緊到井邊洗衣服。洗完後回家，摸到口袋中的饅頭，想起是丙法師給的，不敢吃，剛好要去餵豬，就丟給母豬吃。

到了半夜時分，丙法師滿心歡喜，等待美女投懷送抱。然後他突然聽到很急速的撞門聲，他趕緊去開門，這時一隻母豬衝進屋內，腳還流著血，看見丙法師就追著他要溫存，從此每晚這隻母豬都來找他相好。

＊

湖西鄉白坑村有位謝姓法師，看中鄰村的李姓姑娘。某日，趁著李姑娘經過白坑時，就在她走過的腳印畫符，當晚李姑娘就來跟他相好。因為生米煮成熟飯，李姑娘後來只好嫁給他。然而，從結婚開始，謝法師的視力便漸漸減退，同時太太不是流產，就是小孩一出生便夭折，不得已只好領養一名男孩，經過幾年，謝法師的眼睛幾乎看不見。

有一天他忽然覺悟了，便對天發誓懺悔說：「我因為貪圖美色，違反天理強求婚姻，遭致眼睛失明，絕子絕孫。懇求上蒼讓我恢復視力，獲得子嗣，我就將我所有符法書籍，在青天之下全部燒毀。」發完誓後不久，他的視力慢慢恢復，

太太也順利生產。於是他就履行誓言，在大太陽下，將所有
符法書籍全部燒毀，從此再也不使用法術。

講述：洪成績、男、小學、台語。父子
採錄：洪金璋、陳長利、陳正男、呂慧瓊
時間：九十年五月
地點：紅羅村自宅

夏乍的傳說

　　從前七美地區的人都很崇拜神像，供奉觀音菩薩、吳府
千歲……等。直到七十幾年前，有一個夏乍被上帝感動，拆
掉家裡供奉的神像，才有了改變。據說有一天，有一道光降
在夏乍家的後面（即今之七美教會附近），連續三天三夜。從
此夏乍得到神的恩賜，能夠為人治病，夏乍自此開始傳福音。

　　據說有一次夏乍跑到觀音廟對一尊佛像說：「面黑黑，藏
六元。」廟裡的主持罵他是瘋子，趕他走。因為他雕刻這尊
佛像只花六十元，卻告訴村民六十六元，自己貪了六元。後
來廟祝找警察抓他，他只好躲到南港去。後來警察來找他，
就有一隻鳥一直叫著「希律、希律」，希律是一個殘酷的國王，
尤其是對基督徒，意思就是提醒他日本警察來了，快躲起來。
因為很多人看到夏乍的奇蹟，所以漸漸來信耶穌，從此七美
便多了一種宗教。

講述：楊朝扱、七十六歲、不識字
採錄：曾郁芬、林千芳
時間：八十八年十一月二十九日
地點：馬公市文光路

朋友鬥法

　　從前菜園有一位法術很高的人，他和五德的一位道友私交很好，每年廟會演戲，都會互相邀請對方來看。某一年他忘了邀請那位道友，那位道友很不高興，就用小鍋裝油做成一盞燈，作法將燈由五德的海上，送到菜園給他。他一看到燈，想起自己的疏忽，又想和他比較法術高下，就又把小鍋加滿油，作法送回五德給那位道友。

講述：任樹龍、三十四歲、石刻藝術家、聽某位老者講的
採錄：陳煦
時間：八十七年十二月十五日
地點；馬公菜園

（三）其他人物傳說

後寮同仔的傳說

（一）

以前澎湖老一輩的人流傳著一句話：「你的命不值得後寮同仔。」話說在後寮這個地方，有位名叫同仔的人，是個捕魚的。但是這個人的運氣真的很背，每次出海捕魚，不是魚都跑光了，就是魚太多把魚網撐破了，所以只要與同仔一起出海，大多是無功而返。因此大家懷疑是同仔把衰運帶給他們，所以就叫同仔不要跟他們出海。同仔聽了很生氣，心想：「每次出海捕不到魚，真的是因為我的關係嗎？」

這天，同仔趁大家都不注意的時候，先躲到船艙底下，出海時大家也沒注意到同仔就在船上。一出海，果然有大量的魚湧上來，就在大家興奮的拉網時，同仔突然站出來說：「是誰說只要有我同仔在就捕不到魚？」才一開口「噗通！」一聲，成群的魚把網子撐破了。眾人因此對著同仔破口大罵，一靠岸就對同仔說：「你以後不要來了，你一來我們就沒飯吃。」同仔只好摸摸鼻子，拎著一個破麻袋走回家。

走到半路上，同仔突然內急，就隨便找個地方蹲著拉屎。一邊拉一邊心裡就又埋怨起來，手也就無聊的四處亂摸。無意中摸到一些奇怪的石頭，一時好奇就帶了回去。第二天，發現帶回來的石頭竟然是黑金，所以他又回到原來的地方，

帶回不少黑金，因此一夕之間，他就變得很富有。所以老一
輩的人，時常引用同仔這個故事來勸告年青一輩的人，不要
想不勞而穫，因為「你的命不值得後寮同仔」二十一。

講述：張耀欽、三十九歲、大華航空、高中、國語
採錄：鄭淑芳、鄭劭琦、張悅華
時間：八十六年十一月十日
地點：馬公市朝陽路

（二）

以前有一個後寮同，他不但倒楣到了極點，而且還會帶
衰別人，每次只要和他去釣魚，都會釣不到，若是不和他去，
就會滿載而歸。有一次別人不讓他一起出海釣魚，他就趁船
沒開前，偷偷躲在船的桌子底下。船一開到定位，就看到海
面上有許多魚，有人說：「幸好今天後寮同沒來，魚好多。」
誰知，這時他從桌下鑽出來說：「我有來！我有來！」他一出
來，魚就全部不見了，一尾也沒剩！以前的人都是討海為生，
他會帶衰，所以每艘船都不讓他上船，不上船就沒工作，沒
工作最後只好去撿豬屎。

有一次，他撿滿一簍豬屎後要搭船回後寮，船上的人遠

二十一　值得：相等、等同之意。「命不值得後寮同仔」即命不和後寮
　　　　同仔相等，沒有像後寮同仔一樣的好命。

遠看他走來，就說：「趕快開走，別讓這倒楣的後寮同上船。」於是船就提早開走。船開走他沒辦法回去，只好睡在草蓆尾[二十二]的一個水坑旁邊。睡到半夜，發覺水坑邊有白色的母雞和小雞在那邊跑來跑去，他就起來逗那群雞。逗一逗，那些雞就鑽進水坑旁的洞裡去，他就拿撿豬屎的鋤頭，往那個洞挖，結果發現一窟白銀。他就將銀子裝在簍子裡，上面用豬屎蓋著，偷偷帶回家。

他不敢讓別人知道這件事，每天一樣去撿豬屎、搭渡船，等人不注意，再偷偷繞過去那裡，把白銀一點一點帶回家。等到他把銀子搬完，在家鄉蓋了新房子，人家才知道這件事，後寮同就這樣富有起來了！所以後來人家就說：「你的命不值得後寮同仔」，意思是說你不會像他這麼好運。

講述：劉大、台語
採錄：王祥霖、張詩紋
時間：八十七年十二月十三日
地點：湖西鄉龍門村

（三）

澎湖有一句話說：「你的命不值得後寮同仔。」後寮同是後寮人，天生帶衰，每次和他出海都捕不到魚。早期澎湖人

二十二　草蓆尾，位於馬公市重光里。自古以來即為荒塚、亂葬崗，
　　　　處理往生者須以草蓆包覆而得名。

都是捕魚為生，所以沒有人要和在他一起。後寮同很不服氣，有一次就故意先躲到船裡頭，等大家捕到魚再出來。結果他突然跑出來，大家嚇一跳，手一鬆，魚網的魚就跑掉了。

大家很生氣，一上岸就在地上釘一根木柱，把他綁在柱子上，不准他亂跑。沒多久天氣變得很壞，颳大風下大雨，為了活命，後寮同努力掙扎，最後把木柱拔起來。他轉身要跑，卻看見木柱的洞有東西發光，仔細一看原來是黃金，他就把黃金挖出來帶回家，從此變成村子的有錢人。

講述：楊積蓄、七十三歲、大學、國語
採錄：鄭筱微、張宗純、李雅娟、曾士馨
時間：八十八年十二月十一日
地點：馬公市中華路

傻義得金記

從前有個叫傻義的人，是個艱苦人，他對父母很孝順，但就是傻。後來人家就給他點工錢，讓他幫忙去馬公買東西，但是他沒錢坐船，就常常用躲的偷上船。這一日，船家發現他想偷上船，就說：「我們來捉弄他，我們今天提早開船，讓他坐不到船、回不了家。」他們就真的作弄他，提早開船。

船一開走，躲在一旁的傻義就哭，可是哭也沒辦法，最後只好在一棵大樹下睡覺。睡到半夜，就有「呼～呼～」的

聲音把他吵醒。他一睜眼，眼前突然亮起來，「奇怪！黑漆漆的怎麼突然亮起來？」他四處看了一下，「哇！這裡怎麼有一甕金、一甕銀！」他就用布袋把金銀裝起來。等天亮，他就付錢坐船回家，船上的人都問他怎麼有錢坐船，傻義什麼都不說，一直等回到家裡，才打開布袋給父母親看，父母親非常高興，從此傻義就變有錢人了。

講述：陳成清子、約七十歲、小時候聽人講的
採錄：張百蓉、陳薏如、姜佩君
時間：八十六年七月三十日
地點：馬公市烏崁里

有錢人的傳說

從前通梁有一位林姓商人，因為經商成功，所以非常有錢。他很喜歡向人炫耀他的財富，有一次，他特地派幾十個家丁搭船至泉州，買了一個非常大、重達幾百公斤的石臼回來。這當然花了不少錢，哪知他買回來後，便將它投入海中，當作石頭填海。這一切的作為只是為了炫耀他的富有，天下人真的是無奇不有。

講述：林川伍、六十九歲、泥土工
採錄：溫淑芬、陳美莉、蘇佩君、廖志旺、蘇仁志

時間：八十六年九月十五日
地點：白沙鄉通梁村

二崁陳氏兄弟的故事

　　陳嶺陳邦是兄弟，那時大概是清朝光緒年間，哥哥陳嶺先到台灣做生意，他在台南開源益中藥房，結果生意做得很好，就回來蓋房子。那時二崁人的習俗是這樣，賺了錢就要回家鄉蓋房子，為什麼？就是光宗耀祖。然後也不會娶台灣妻子，一定要回來娶澎湖人，因為要把太太留在澎湖照顧父母。所以他們兄弟賺了錢就回來蓋房子，就是現在這間古厝。那時二崁全部都是做中藥的。

　　他們會賺那麼多錢，有個「屎桶開花」的傳說。那時他們要開中藥房，所以就訂作了一個藥廚，等藥廚做好了，就要選個良辰吉時送入店鋪。因為沒有貨車，那天陳邦就用兩輪的手推車，到木工師傅家把藥廚運回來。從前台南的路很窄，快到店鋪時，正好遇到挑糞的，一不小心就撞倒藥廚，頓時「屎桶開花」，整個藥廚沾滿糞便。

　　可是陳邦不但不生氣，還拿錢給挑糞的人，因為台灣人把「屎」叫做「黃金」，所以藥廚沾滿糞便，就是沾滿黃金，是好兆頭。陳邦回去後，告訴哥哥這件事，哥哥也說沒關係，這是好頭采，代表這間店會賺大錢，藥廚洗一洗、擦一擦就好。後來他們的藥鋪，果然生意興隆賺了很多錢。

　　有一年他們要回來過年，所以就坐船回澎湖，從前都是坐帆船，要坐一天才會到。那時海上有很多海賊，海賊有兩種，一種是會殺人放火燒帆船的；一種是只要錢，把你全身衣服鞋子扒光光後就放你走。

　　那一次陳邦帶了很多龍銀及新衣新鞋回家過年，半路遇到海賊搶劫，他反應很快，趕快把龍銀藏在帆布放下來的皺摺裡。剛好這次遇到的是只要錢的海賊，所以搶完東西後有留他們性命。那時要過年了，天氣很冷，大家衣服都被扒光光，冷的直發抖。有人在哭，說要過年了，錢都被搶走怎麼辦？這時陳邦就把他藏的龍銀拿出來分給大家，讓大家有錢過年。所以他們會賺錢不是沒有原因的，做人就要「有量」。

講述：陳添丁、五十九歲、理事長。古時候傳的
採錄：郭雅琪、劉愛治、呂嘉華、王雅玲、辛惠瑜
時間：九十年五月二十日
地點：西嶼鄉二崁村

呂胡歷險記

　　我的外祖父叫呂胡，他一邊在私塾教書，一邊又很喜歡去釣魚，他釣魚都是自己搖船出去。有一次，天氣很好，就和鄰居坐著舢板去釣魚。釣到中午，準備要回家吃飯時，天氣突然變了，風變得很大，怎麼搖船都回不去，越搖越遠，

就一直飄到大海去。

西嶼的外海靠近大陸，所以只要一到外海，就到台灣海峽了。那時沒有風帆，就只有搖櫓，搖到晚上筋疲力盡，只看到一片茫茫大海，大家想完了，大概要死了。但是還存著一線希望，就把釣來的魚生吃，同時還抓停在船上的鳥來吃。所以吃是沒問題，可是沒有水，海水不能喝，因為有鹽分，喝了嘴唇馬上就裂開，那怎麼辦？幸好他們釣魚有戴尼龍帽，那種大盤帽，所以就把尿尿在帽子上，用帽沿過濾，用吸的，就這樣過了三四天。

到了第四天的夜晚，海面突然浮起一盞紅燈，一看到紅燈，大家就知道有救了。因為捕魚的人都知道，只要看到紅燈，就是媽祖顯靈，要引導這艘船正確的方向，於是大家就朝著紅燈一直搖、一直搖。到了第六天，看到一艘船，但因為船太小沒被看到。到了第七天，碰到大陸溫州的一艘漁船，終於得救了。

那溫州的船長有經驗，一問知道他們七天沒吃東西，就說你們不能吃硬的東西，只能吃稀粥的湯水，隔了一會再弄有一點米的粥讓他們吃，這樣慢慢調理，身體才好起來。

他們出事後，鄰居和我祖母就很擔憂，哭的一把鼻涕一把眼淚。人到這個時候只好去求神，因此就四處到廟裏去問。很奇怪！不管怎麼問，都說人還沒死，到了第七天，果然輾轉從大陸傳來消息，說我外祖父已經獲救了。

講述：陳宏利、高中教師、小時候媽媽說的

採錄：彭妙卿、姜佩君

時間：八十六年七月二十八日

地點：馬公市三多路

四、中國歷史人物傳說

蔡端造橋的傳說

（一）

　　蔡端的父親心腸很好，他家山後有一間關帝廟的屋頂壞了，裏面的三尊神像天天受風吹日曬雨淋，他看了很不忍心，就拿三頂草帽戴在神像的頭上。這三位神便將他的善行回報天帝，天帝想再次確定他的善心，於是便派七仙女下凡來觀察。

　　七仙女走到一處積水的地方，蔡父看見了就說：「等一下。」然後搬了七塊石頭放在積水的地方，讓七仙女踩著石頭過去，這就是現在的七星橋。七仙女想：這人的確不錯，於是便返回天庭向天帝報告，天帝爲了回報他的善心，就命蔡狀元下凡投胎當他的兒子。

　　這天，蔡端的母親懷著身孕坐船過江，上船沒多久，江上的妖怪便興起大風大浪作怪，就在船快要沈沒的時候，天上忽然傳來：「蔡狀元在此，豈容你們作怪？」的聲音。頓時

江上變的風平浪靜，船就平安過了江。

上了岸，船家問：「這裡可有一位蔡狀元？」沒有人回答。再看看搭船的人，只有蔡母他懷有身孕，而且夫家姓蔡。大家便想：也許這位還沒出世的孩子就是蔡狀元，於是蔡母便說：「如果腹中這孩子長大，真的中了狀元，便要他在這裡建一座橋，以方便大家過江。」

後來她果然生了一個兒子，取名叫蔡端。蔡端長大後中了狀元，便想要回來這裡造橋。但是皇帝很欣賞他，想把他留在身邊，不放他回來。於是蔡端便想了一個方法。他在皇宮花園的香蕉葉上，用沾了蜜的筆寫下：「蔡端蔡端，本省做官。」八字。不久皇帝遊花園，看到葉子上很多螞蟻，而且越來越多，漸漸的形成了一些字。皇帝看了便隨口說出：「蔡端蔡端，本省做官。」皇上一念出口，蔡端馬上跪下來謝恩。因為君無戲言，所以只好放蔡端回去做官。蔡端回去沒多久，便建了「洛陽橋」造福百姓。

講述：王賜得、七十歲、農、不識字、台語
採錄：楊秀芳、王秋賢、魏旭敏
時間：八十六年九月二十九日
地點：湖西鄉紅羅村

故事類型：1542C：蜜汁寫字引螞蟻，君王念出成聖意

（二）

　　從前有一對蔡姓夫婦，他們因爲出遠門而要坐船過江。江中因爲有妖怪作祟，所以船走到一半便浪起雲湧，船身開始搖晃。這時，蔡夫人趕緊跪下來祈求上天說：「如果船能平安開到對岸，我將來生下兒子，一定會要他回來這裡造一座橋，讓大家渡江時不再有危險。」

　　後來蔡夫人平安渡過了江，也生了個兒子叫蔡端。蔡端十八歲便考中了狀元，他一直記著母親臨終前交待他的事：「要回到那條江上建造一座橋。」可是他人在京裡作官回不去。所以便想了一個法子，他用蜂蜜在地上寫了八個字：「蔡端蔡端，回鄉作官。」不久皇上經過，看到地上有螞蟻在排字，便跟著唸出：「蔡端蔡端，回鄉作官。」一旁的蔡端聽到皇上這麼說，馬上跪下來謝恩。皇上起初還想反悔，但因爲君無戲言，只好讓他回鄉作官。

　　蔡端一回鄉，便要建橋，可是江中有妖怪阻擾無法建橋。這妖怪是從那裡來的呢？傳說玄天上帝未成神之前是個殺豬的，隔壁是一座寺廟，寺中的和尚每天早上都要誦經，玄天上帝聽到誦經的聲音，就起床來殺豬。所以他經過寺門的時候，都會放一些錢在門檻上。

　　有一天，和尚睡晚了，沒有起來誦經，所以玄天上帝也就跟著沒起床殺豬。於是他很生氣的去問和尚：「爲什麼沒叫我起床？」和尚說：「你又沒有給我錢，我爲什麼要叫你起床？」玄天上帝說：「有啊！我每天都有把錢放在門檻上。」

和尚一看，門檻裡真的有錢，於是便勸他要多做好事，不要殺生。玄天上帝回答他說：「殺豬有什麼不好？」和尚聽了就帶他到外面，指著那些豬說：「這些豬都是你的祖先投胎轉世來的。」玄天上帝不信，和尚就對著那些豬點名。叫一個名字，就有一隻豬走過來，玄天上帝看了這情形，覺得因果報應真是太可怕了，就發誓不殺豬了。並且到海邊把腹部剖開，把腸子和肝丟下海裡去，然後他就成了神，被封為玄天上帝。

可是他丟下海中的腸子變成了蛇，肝變成了龜，修練成妖，在海上興風作浪，殘害百姓。蔡端要造橋，卻因為龜蛇二妖作祟，怎麼造都造不起來。於是玄天上帝便下凡來收服龜、蛇二妖，以便讓蔡端順利造橋。

玄天上帝收服龜蛇二妖後，蔡端便開始造橋。可是橋造到一半，經費不夠，於是觀世音菩薩下凡來幫他。觀世音菩薩化成一位漂亮的女子，站在船的中間，告訴大家，只要有人能用錢丟到她，她就嫁給他。很多人去丟，但是都丟不到，所以船上就積了很多錢。她把這些錢全部送給蔡端造橋。就這樣，蔡端在大家的協助下，終於把橋建起來了。

講述：楊阿笑、七十一歲、不識字、台語
採錄：白翠屏
時間：八十六年五月六日
地點：馬公市西文里

故事類型：1542C：蜜汁寫字引螞蟻，君王念出成聖意

澎湖海盜王的傳說

在幾百年前，大陸沿海有很多海賊。這些海賊時常搶劫商船，然後把搶到的金銀財寶，藏在澎湖的一個小島。他們也和大陸的一些不肖商人勾結，打聽商船出發的時間，以便計算時間搶劫。這些海賊的首領姓王，是一個很厲害的人，他不僅四處搶劫，還在澎湖北海的一個小島建立一個軍事基地，大量的訓練海賊，然後用來幫助日本、菲律賓的政權及台灣的土皇帝。

後來，鄭芝龍得到這個海賊王的幫助，聲勢非常浩大，幾乎要打敗滿清政府，滿清的皇帝很害怕，就去找算命仙算命，算命的說：「鄭芝龍後面有一個厲害的海盜在幫他，所謂的『成者為王，敗者為寇』，他有皇帝的命格，卻只是個『寇』。所以要打敗鄭芝龍，一定要先破這個海盜王的局，不然最後他一定會稱王。」

皇帝聽了算命的話，找了一個風水師去破壞海盜王他家的風水，他家的風水是一隻土龍，風水師把土龍的眼睛挖掉，不久海盜王便死於非命。然後那些海賊就像一盤散沙的四分五裂，沒多久這些海賊不是被消滅，就是被收編為清朝的海軍，所以後來鄭芝龍也投降滿清，不反清復明了。

講述：張先生、四十六歲、藥房老板、專上、閩南語

採錄：黃婉婷、陳正彬、李志鵬
時間：八十六年十月二十三日
地點：馬公市

朱文公巧破天譴

　　從前有一個朱文公[二十三]，他是一個聖人。有一次他被派到唐山縣做官，當他坐的船快到唐山縣時，他抬頭一看說：「哇！憨魚勢力。」意思就是說，這裡有一個「憨魚穴」勢力很大，會讓他做官不平安時常死人。於是朱文公就拿硃砂筆，從憨魚穴批下去，一批下去，那條憨魚就死了。之後船又繼續往前開進港口，一進到裡面，他就發現「慘了！」原來港口淺，憨魚遊不進來，只能在港口外，不會造成危害。可是憨魚已經被他用硃砂筆批死在穴裡了，他亂殺生，犯了天條大罪，上天會責罰他：「火燒萬家厝、水淹唐山縣。」

　　朱文公想了想，畫了一張符，叫唐山縣的人全部出來。在唐山縣海邊退潮時，用石頭排成人形，等到漲潮，水淹過石頭時，大家就一起喊：「水淹唐山縣喔！水淹唐山縣喔！」這樣「水淹唐山縣」的災難就破解了，然後是「火燒萬家厝」。

　　他找了一戶姓萬的人家，把姓萬的全家叫出來，再放火燒了姓萬的房子，然後叫所有人圍過來大喊：「火燒萬家厝喔！火燒萬家厝喔！」把一個姓萬的房子，當作一萬家房子

二十三　即朱熹。南宋理學家，學者尊稱朱子，諡「文」，世稱朱文公。

家燒；燒一間等於燒一萬間，所以「火燒萬家厝」這話也破解了，解決了上天處罰的災難。

講述：劉大
採錄：王祥霖、梁忠瑋、張詩紋
時間：八十八年六月十四日
地點：仁愛之家

周倉與關公

周倉是關公的部屬，傳說他的腳下有七根羽毛，可以讓他到處飛。可是關公妒嫉他會飛，便在某天周倉睡覺的時候，偷偷將他腳底的羽毛剃掉，讓他不能飛。有一次，關公上戰場打仗，誤中敵人的陷阱，掉進一個大黑洞中。這件事傳到周倉的耳中，周倉便自信滿滿的說：「這還不簡單，我只要飛下去將他拉上來就好了。」說完，便奮不顧身的跳下去救關公。可是周倉不知道腳下的羽毛已經被關公剃掉了，所以他往陷阱跳的結果，便是和關公一起死在陷阱中。

講述：蔡宗正、七十三歲、日本教育、台語
採錄：李書瑩、康淑蘭、陳俊勳、方心舫
時間：八十七年十一月八日
地點：西嶼竹灣大義宮

張飛賣肉

張飛年輕時家裡很窮，作事很莽撞，最後只好在街角賣肉。不過張飛做事很粗心，又很慷慨，肉都隨便切、隨便給，往往一整天賣的錢，還不到本錢的一半。所以後來人們就說：「張飛賣肉—倒賠。」

講述：張瑞吉、六十多歲、教師。師生
採錄：陳政宏、李進珍、江長恩
時間：八十八年五月三十日
地點：馬公市忠孝路

魯班傳說

魯班很喜歡釣魚，所以就自己造了一艘船去釣魚。他在船頭留了一個洞，搖櫓的時候，把海水搖進洞裡，就會變成淡水，因此他可以一次出海十幾天不回家。魯班婆懷疑他去做不好的事，「每次一出去，就十幾天才回來！」就去調查魯班在船上幹什麼。她到處查都查不到，最後發現這個洞的水是淡的，「原來是這樣，才能去這麼久！」她就脫下褲子在那裡撒尿，然後那個洞就不能用了，魯班只好每天回家。

講述：蔡先生
採錄：陳志鵬、李文彬
時間：八十八年五月十九日
地點：馬公市東衛天后宮

彭祖長壽的傳說

　　彭祖本來只有二十歲的壽命，但他做了很多好事。有一次八仙化做凡人要過溪，他就搬石頭磚塊，排放在溪中，讓他們踩著過溪，不會弄濕衣服。後來他的壽命到了，地府派牛頭馬面來抓他，他就拜託牛頭馬面不要抓他。八仙也幫他向玉帝求情，說彭祖搭八仙橋給他們過河有功德，可以添壽命給他。所以八仙每人給他添一百歲，加上原本的二十歲，他就活到八百二十歲，這就是彭祖長壽的傳說。

講述：蔡順天、台語
採錄：徐翊倫、陳育津
時間：八十六年五月二十日
地點：馬公市東衛里

石敢當的傳說

（一）

石敢當是用來保護房屋的，它大概有二百多年的歷史了。傳說以前有位武將名叫石敢當，他非常的勇敢善戰，打贏了很多戰爭。但是後來他犯了錯，就被皇帝處死。因為他很勇猛，所以後人就把他的名字刻在牆邊，據說這樣會有保護的作用。另外，在山邊和海邊也常會看到石敢當，它的作用是一樣的。

講述：張能變、八十二歲、小學、台語
採錄：朱爰聰、盧虹羽、陳秀燕、蔡美霞
時間：八十六年十月十日
地點：馬公市天后宮

（二）

石敢當是井垵人，他年輕時到大陸學法術，學成後回到澎湖，四處幫人抓鬼除妖。當時澎湖很荒涼，有許多鬼的傳說。聽老一輩的說，早晨第一道陽光出來的時候魚最多，所以捕魚的都會提早到海邊等。奇怪的是，每次在海邊等天亮的時候，就會有石頭丟過來，但不會打到人，只會丟在旁邊，像是故意嚇你、作弄你一樣。所以石敢當一回來，每個人都

要找他去捉妖，他沒辦法分身那麼多，就在石碑上寫上他的
名字「石敢當」，再刻上符咒，鬼看到就跑了。[二十四]

講述：陳宏利、五十歲、教師、大學、國語
採錄：洪敏珊、莊雅惠、歐采鑫
時間：八十七年十一月八日
地點：馬公市

戚程程與柑郎（甘羅）的傳說

　　戚程程，獨生子，平日以捕魚維生。有一天他在江中釣
魚，因為釣不到魚，所以便在船上吹簫休息。正巧這一天宓
相爺的女兒宓桃娥和婢女到廟中拜拜，上完香後，就到江邊
走走散心。靠近堤岸時，看到戚程程正在吹簫，聲音悠美，
聽了全身舒暢。這時候剛好是中午，戚程程流了滿身的汗，
宓小姐一時覺得不忍，便拿手巾包著頭上的珠釵，丟到船上
給戚程程擦汗。

　　戚程程見到有東西拋到船上，回頭看見兩位小姐，美得
好像天上的仙女，心想：「如此美麗的小姐擲手巾給我，不知

二十四　據馬公高中蔡丁進老師說：「石敢當是井垵人」，是出自歐成
　　　　山的偽造。歐成山曾任澎湖地方報記者，曾大量抄襲、偽造
　　　　澎湖民間故事於報章發表。詳情請參閱拙著《澎湖民間故事
　　　　研究》第八章第二節之「歐成山事件」。

道是不是對我有意思？可是又不知道是哪家的小姐。」回家後就得了相思病，每天不吃不睡，持續了十幾天。母親看戚程程這樣，又急又擔心，便問他到底發生了什麼事？戚程程把事情告訴母親，戚母幫他想了一個法子，她在宓小姐的手巾上，繡上一個男子在船上吹簫的圖案，再假裝賣花的阿婆，到各個顯貴的大戶人家中打聽消息。

這一日，戚母到宓府賣花，宓府婢女為得到小姐的歡心，所以就引戚母到小姐房間，宓小姐從花籃中一層層往下看時，看到一條手巾，好面熟「這不是我那條手巾嗎？」在宓小姐沉思時，戚母也仔細觀察宓小姐，「小姐們選花可不會望著手巾發呆，難道這是她的手巾？」戚母想試探一下，所以就假裝催促宓小姐：「小姐妳到底要不要買花？我可是還有很多地方要去。」宓小姐問：「阿婆，這手巾是妳的嗎？」戚母回答：「當然，不然是妳的嗎？」「是呀！這條手巾是我的呀！」戚母一聽宓小姐這樣說，馬上抓了她的手，告訴她事情緣由，請求宓小姐救兒子的性命。宓小姐一聽，解鈴還須繫鈴人，於是就答應戚母說：「好！我會告訴父親要去廟裡還願，我們約在六天後，接近中午時候的廟裡，我來開導令郎。」戚母聽到後一直說好，然後便道謝回家了。

回家後，戚母告訴兒子這件事，戚程程一聽，精神馬上就好轉，也開始正常吃飯。轉眼間，就到了約定的日子，一想到明天就能見到宓小姐，戚程程就興奮地睡不著，乾脆就提早到廟裡等候。沒想到來的太早了，因為趕路加上身子虛弱，戚程程就在神桌下睡著了。這時宓小姐也照約定來了，

她看戚程程還沒來，就先燒香等候。沒想到一柱香的時間過去了，戚程程卻未出現，宓小姐也很有心，就再點了第二枝、第三枝香。這時廟公就覺得奇怪了，平常的香客，第一隻香還沒燒完，就急著燒金紙回去了。怎麼今天這位小姐如此誠心，停留這麼久呢？所以就前去詢問。宓小姐被問的不好意思，就趕緊和婢女去燒金紙，燒完後，就乘轎回去。

　　宓小姐離去後約半小時，戚程程才醒來，著急地找尋宓小姐的身影。這時已過了進香的時間，沒什麼人，所以戚程程就問廟公。廟公一聽，連聲說有，並說都怪他自己多嘴，上前詢問，小姐才離開，並把宓小姐久候的情形，說了一次。戚程程聽了又氣又急，用力往胸前一搥，頓時鮮血噴出灑了滿廳，然後就起了大火，將他及廟公燒死。

　　戚母聽到寺廟起火，而戚程程至今沒有回來，便趕到廟裡，但廟已燒得一片精光。有人正在清理現場，發現了三塊頸椎骨，戚母便用一條紅綢巾將骨頭包起來帶回家。奇怪的是，只要將骨頭供在桌上，點了香禱告說：「戚程程先生，今天請你來，麻煩你吹個南調或北調。」再將香插上，骨頭就會奏出音樂，一直到香燒完為止。小地方事情總是傳得特別快，沒多久大家都知道戚母有一會吹奏音樂的三塊骨頭。從前那個時代，不像現在有 KTV 或卡拉 OK，所以許多婚喪喜慶，都會來跟戚母借骨頭演奏，從此戚母就以此維生。

　　有一天，宓相爺過壽，就向戚母租借骨頭三天來吹奏。但在第二天晚上，有一個僕人趁著打掃時，跑去點了一支香說：「戚程程先生，你如果真有靈驗，就再吹一首北調來聽。」

骨頭果然吹起蕭來，但僕人卻很快打掃完走了。這時蕭聲傳到宓小姐耳中，她仔細一聽，這不是那天在江邊聽到的蕭聲？於是小心追蹤蕭聲的來源，一直到了大廳，才發現是從骨頭發出來的。宓小姐心想，我等了你三柱香，你沒有來，但你的死，我也應該負一些責任。一難過，就流下了眼淚，正巧落在骨頭上，「啪！」的一聲，骨頭就裂了，蕭聲也停了。

　　幾天過去，相府沒有如期歸還骨頭，可是還有許多人，等著向戚母租骨頭，所以戚母就跑到相府詢問。相爺一看到他就說：「阿婆，真對不起，可能是晚上沒收好，被老鼠或貓咬壞了，所以骨頭不能再發出聲音，因此不敢拿去還妳。」戚母一聽，就放聲大哭說：「我兒子死後，我就靠這個維生，現在壞了，我拿什麼過日子呀！」宓相爺說：「從今以後，妳就住在這裡，跟著我吃穿，死後我也會將妳厚葬。」從此戚母便住在相府裡，安穩的過完這一生。而裂掉的三塊骨頭，就被僕人隨意的倒在後花園的東北角上。

　　過了一段時間，有個婢女到後花園摘花給小姐，走著走著，看到東北角長了一棵橘子樹，上頭長了一顆橘子，她就摘下來給小姐吃。吃完橘子三個月後，宓小姐的肚子突然大起來，宓相爺心想，女兒怎麼會無緣無故大肚子呢？一定有什麼原因。就問女兒最近有沒有遇到比較特別的事？宓小姐才想到，三個月前曾吃下一粒很好吃的橘子。宓相爺一聽，

好吧！就等十個月，看它是妖精還是什麼的再來打算。十個月後，宓小姐生了一個小男孩，很可愛，宓相爺心想，這個小孩是吃柑橘才生的，因此就叫他柑郎。二十五

　　過了七年，柑郎七歲了。這一天，皇帝作了一個夢，夢中有三個夢境：第一個是平白無故，山就崩了一角；第二是好好地在照鏡子，鏡子突然破成兩塊；第三個是池塘水本來滿滿的，一下子變乾了。皇帝醒來後，怎麼想都沒有一個合理的解釋，就要宓相爺在三天後的早朝幫他解夢，如果回答不出來就要殺頭。這下可難倒宓相爺了，所以回家後煩惱的吃不下飯。

　　到了第二天晚上，柑郎來請宓相爺吃飯，他看宓相爺那麼煩惱，就說：「阿公，要是有什麼煩惱，可以說出來和我一起討論，人的智慧是不分老少的。」宓相爺一聽言之有理，就將皇帝的夢說給柑郎聽。柑郎一聽：「這還不簡單！山突然崩了一角，不就是山崩見太平嗎—從這邊可以望到那邊！」宓相爺一聽：「有道理呀！那鏡子忽然破成兩塊呢？」柑郎笑說：「這不是更簡單，鏡破兩分明—可以照前又能看後。」「至於池子忽然變乾，則是池乾龍身現，皇后要生太子了啦！」宓相爺一聽，說的真好！隔日上朝，就依柑郎所說的告訴皇帝。

二十五　若依講述者的發音應記為「柑郎」，若按故事內容觀之則應記
　　　　為「甘羅」。傳說甘羅十二歲拜相，為中國神童故事的代表人
　　　　物。故金師認為：「柑郎」與「甘羅」音近，當是初名「柑郎」
　　　　後改名「甘羅」。參見金榮華：《澎湖縣民間故事》，頁十七。

　　皇帝一聽，這一定是神仙所託夢，不然怎能解的如此完美，便一直追問宓相爺，是誰解的夢？宓相爺一開始說是自己想到，但皇上就是不相信，逼到最後沒辦法，宓相爺只好告訴皇上是孫子說的。皇帝一聽：「宓卿，你孫子幾歲了？」「七歲。」「這就奇了，我皇帝加你宰相，兩人這麼多歲了，也看了不少書，怎麼我們都想不出來，你孫子卻能解得這麼好，明天早朝帶你孫子來給我看看。」

　　隔日宓相爺就帶柑郎上朝。到了大殿，柑郎就跪下來，皇帝看他可愛，走下金鑾殿，摸著他的頭說：「這是宰相頭。」柑郎馬上叩謝恩典。皇上說：「不是啦！我是說以你的才智，以後一定會是宰相的一員。」柑郎說：「君無戲言。」就這樣柑郎成為宰相，而且還是宰相之首，連宓相爺都在他管轄之下。其他宰相不服柑郎，故意在宰相會議廳門前，擺了一個大水桶擋路，心想柑郎年紀小，一定要等到我們來，才能把水桶移開進到廳內。不久柑郎來了，一看水桶擋路，暗想：「覺得我年紀小好欺負嗎！」就拿刀把水桶刺破，讓水流滿地，再罰那些宰相去打掃。

　　有一日，柑郎起了頑皮心，在文武百官退朝後，把香蕉捏成一團，弄成大便的樣子，放在皇帝的桌上。旁邊還留字條，寫著「屎是我拉的，我敢吃。」隔天，他故意晚上朝，一來就看見皇帝吹鬍子瞪眼睛，一副很生氣的樣子。這時柑郎就大方走上去，把字條的話唸出來。皇帝正在氣頭上，聽柑郎這麼唸，就要他吃掉大便，柑郎就捏起香蕉，一口一口吃完。皇帝很高興地說：「柑郎，你真是盡忠呀！」從此更看

重柑郎，又賞賜許多財寶給他。過了一段時間，柑郎又做了同樣的事，只是這次是真的大便。有一個奸臣看到柑郎之前的賞賜，很羨慕，所以就走上前，學柑郎說：「屎是我拉的，我敢吃。」就把柑郎拉的大便吃下去。

某一日，在宰相會議時，柑郎說：「以後我會死在金鑾殿，葬在太子山，你們相信嗎？」幾個宰相都想，你又不是皇子，怎麼可能？幾天後，柑郎跑去告訴皇帝說：「陛下你看過各種風景，可看過人心的七竅？一般人七竅，我有八竅，看了之後就會心情舒爽。以前我母親心情不好時，就會將我的胸口割開二吋來看。等心情舒爽後，再用針縫起來，把我抱起來，說：『心肝兒子醒過來！心肝兒子醒過來！』我就會醒來了。」

皇帝心想，這怎麼可能？可是幾天後，皇帝還是忍不住，想看看心有八竅是什麼情景，於是就將柑郎的胸口割開二吋。沒想到柑郎的鮮血不斷噴出，皇帝嚇一跳，趕緊召御醫把柑郎胸口縫上，再抱起柑郎，一連三聲，「心肝兒子快醒來！心肝兒子快醒來！」但柑郎早就死了。而皇帝既然開金口叫柑郎為「心肝兒子」，那他就是皇子啦！於是柑郎就真的死在金鑾殿，葬在太子山，果真不假呀！

講述：翁興德、六十八歲、商、日本教育、台語、朋友父親
採錄：劉怡采、蔡虹仙、劉玉娟
時間：八十七年五月
地點：馬公市鎖港里

故事類型：749B：相戀不得見，人死心不死、780 會唱
歌的骨頭、1568B.1：頑童吃甜點

覆水難收

（一）

　　古時候有個人參加考試，考了好幾次都沒考上，他老婆
怨恨他沒用，比不上別人，常常與丈夫吵架，說要離婚。丈
夫逼不得已，只好寫了休書給她，讓她去嫁別人。離婚後，
丈夫孤獨一人，就開始努力認真讀書，後來就考中狀元遊街
三天。這件事傳到離婚老婆的耳中，那老婆就想說，他應該
把我收回去。當狀元遊街到某個地方時，遇到他老婆，他老
婆就跪在馬頭前，懇求把她收回去。那狀元就叫士兵準備一
盆水，告訴他老婆說：「假如你可以把水潑落地又收回的話，
我就把你收回去。」水當然是收不回來的，他老婆就當場撞
頭而死。這件事之後，狀元在廟前題詩，勸告世人不要像某
某女人一樣，老公沒賺錢就吵著要離婚，等到老公考中狀元、
做官時，才又叫他收回她。意思是說既然已經嫁人，一定要
全心全意對待丈夫，不要半途離開。

講述：蔡修德、六十歲、農、小學、閩南語、祖孫
採錄：蔡靜蓉、陳梅秀、吳姮慧、葉雯瑛、蘇鳳台、倪惠貞

時間：八十八年十二月十一日
地點：馬公市鐵線里

（二）

　　有一個女人八字不好，人家說她是「剪刀柄、鐵掃帚」。有一個有狀元才的人，娶了這個八字不好的人，所以每次考試都考不中。這個女人就告訴丈夫：「你沒有出息，我要和你離緣，去跟一個比較有出息的人。」丈夫一直求她不要離開，但她依然堅持要走，沒想到這個太太離開後，丈夫就考中了狀元。

　　這個太太離開後，再嫁給一個不錯的丈夫，可是這個丈夫，自從娶了她以後，家裏開始不好，後來竟然做了乞丐。先前的丈夫中了狀元，要騎馬遊街三天，這個太太就趁他遊街的時候到街上攔他，希望丈夫可以重新再娶她。丈夫把一桶水潑在馬頭說：「如果你能把這些水再收回來，我就收留你！」太太知道不可能，就撞馬頭死了。

講述：翁有土、七十六歲，漁，識字
採錄：蔡春雅、劉秀美
時間：民國八十七年九月十一日
地點：馬公市鎖港里

地方傳說

一、地名傳說

馬公紅毛城的由來

（一）

　　紅毛城就是現在的朝陽里，以前叫紅毛城。清朝時，荷蘭人跟葡萄牙人同時侵占澎湖，為了爭澎湖歸誰的，兩國就決議比賽建城，看三日內誰先建完一座城。先建完的就贏，輸的人就要從澎湖撤退。

　　葡萄牙人從大城北登陸，所以就在大城北用偷吃步（欺騙）的手段，用白布很快的圍一圍，造了一座城。荷蘭人也從紅毛城登陸造城。因為荷蘭人又叫紅毛番比較笨，所以就在關帝廟的後面，用石頭一顆一顆慢慢的疊。結果，三日未到，荷蘭人看到大城北葡萄牙人的城時，驚訝的說：「怎麼三日未到，他們城就已經建好了！而且還用油漆漆的白白的，那麼漂亮！」所以荷蘭人認為他們輸了，就退出澎湖。當年荷蘭人建的紅毛城，後來叫紅木埕，就是現在的朝陽里。

講述：洪林繡麗、五十二歲、主婦、國中、台語、長輩口傳
採錄：林辰諭
時間：八十七年六月十四日
地點：湖西鄉隘門村

（二）

聽說澎湖以前這裡都沒半根草、半棵樹，討海人從大陸、廈門那裡來捕魚，遇到颱風或事故回不去，才住在這裡，是咱們中國人先住在這裡的。後來荷蘭人來了，雙方吵架，他說他先來，我說我先來，最後有人提出一個方法，說要用智慧，讓有智慧的贏，不要打仗。於是雙方比賽造城，中國人在這裡造個城，荷蘭人在那裡造個城，先造好的人就贏。

中國人比較老實，所以就一擔土、一擔土的在東北角造城；荷蘭人比較聰明，將杉木條一枝一枝立起來，用白布圍一圍，就做了一個紅毛城，紅毛番紅毛城啦！中國人是土人土城啦！這裡就是土城一，紅毛城在過去一點的地方。日據時代日本人嫌紅毛城不好聽，就改成紅木埕，現在叫朝陽里。二

講述：陳貴華、七十三歲、藥房老闆、日本教育、朋友父親
採錄：姜佩君
時間：八十九年九月二十日
地點：馬公正安藥房

一 土城是晚清所設的一處軍營，地點大約在現今北辰市場這裡。
二 今學術界考證，荷蘭人所建的紅毛城應在風櫃。而紅木埕應是明朝人建的「天啓城」，為何會誤傳為「紅毛城」，尚待考證。

金龍頭與風櫃洞的傳說

（一）

　　明朝初年，現今的馬公港住了一隻千年大海龜，這隻大海龜因為在此生活了很長的時間，深深的愛上這塊土地及人民。因此常常指引漁船，告訴他們要到何處捕魚，何處有險礁，何時有風浪。使得當地的漁民，每次出海都能平安的滿載而歸。但是幸福的日子並不長久，有一天忽然來了荷蘭人的艦隊，他們是來佔領澎湖的。所以澎湖的居民紛紛起來反抗，但是刀劍棍棒抵擋不了洋槍大砲，大家都壯烈犧牲了。

　　大海龜見此情景，便率領一大群蝦兵蟹將，把船艦的螺旋槳破壞，使他們無法登陸馬公。荷蘭人派人下海察看，但一下海就被蝦兵蟹將咬死，將軍孤拔一看情形不對，馬上下令船艦上的所有大砲，集中向海中轟擊，結果大海龜不幸被炮彈打中身亡。牠的軀體一分為二，上半身漂至現今的金龍頭，下半身則漂向風櫃。所以，至今居民仍習慣稱金龍頭為「金龜頭」，風櫃里為「風櫃尾」，而現在的風櫃洞，就是當初被大炮擊中留下的痕跡。

講述：許蓮葉、四十二歲、家管、台語
採錄：許靜文、吳蘋禎、黃金水
時間：八十六年十一月二十八日
地點：湖西鄉湖東村

（二）

　　現在馬公的「金龍頭」以前叫「金龜頭」，風櫃叫「風櫃尾」，因爲它們的形狀很像烏龜的頭和尾，所以這樣命名。

　　傳說從前這裡有一位老龍王，因爲最寵愛的女兒要求，所以選了馬公島做他的金龜婿，並且賜給它一頂金冕，讓他鎮守在中國大陸與太平洋之間。由於金冕會發光，所以澎湖的漁民無論出海早晚，都可以在金光的引導下，平安回到本島。但是從沒有人看金冕的樣子，有人說自從馬公島有人居住以後，金冕就被藏起來了，只能看到它的光，看不到它的形狀。也有人說，只有「三公六婆」（指在三十六歲前做祖父母的人），在農曆八月十五日沒月光的時候，才可以看到它的樣子。

　　現在連金冕的金光也看不見了，據說是因爲日本佔據澎湖時，在金龜的頭上動土，把金冕破壞了，所以光芒就不見了。而金龜尾，也在紅毛番來澎湖外海砲轟時，挨了重重的一砲，擊出一個很大的洞，變成今日的風櫃洞。到現在每當夏天吹南風的時候，浪沖入洞口內傳出的呼呼聲，就像風櫃一般，所以才叫做「風櫃尾」。

講述：顏家榮

採錄：翁依雯

時間：八十七年五月二十四日
地點：馬公市風櫃里

馬公市光復路的由來

　　光復路以前叫做青蛙谷，聽說是因為一位烏崁的中年男子長年臥病，就叫算命師幫他算命。算命師說：「你的病已經好不起來，活不了多久了。」這男子想：「既然活不了多久，錢留下來也沒用。」就把錢通通花掉。一段時間後，錢花完了卻還沒死，沒辦法，只好一個人，到現在光復路的一處谷邊，搭一座草寮生活，後來就在這裡結婚生子、養鴨過日子。

　　他住的地方每到下雨就有很多青蛙叫，所以他就叫這裡青蛙谷，又在四周插上竹子圍起來，當做自己的地。後來青蛙谷被鏟平改為光復路，他就開放他的地讓大家蓋房子，隨著光復路的發展，他和他的子孫都變成有錢人。現在老一輩的人，還是叫光復路為青蛙谷。

講述：洪林繡麗、五十二歲、主婦、國中、台語、長輩口傳
採錄：洪敏翔
時間：八十七年五月
地點：馬公市

石泉的傳說

　　「石泉」在馬公市，會叫石泉的原因，是因為這裡有一個水源地，地上有二塊斜斜的石塊，泉水就從石縫中湧出來，源源不絕，不因季節變化而有增減，漸漸的這個地方就被叫做石泉。現在這個水源地還在，只是縣政府把它四周加高，讓它看起來像口井。不過現在家家自來水，沒有人再去提水了。

講述：陳莊春賴、七十歲、家管、不識字、台語
採錄：江依芳、王佑庭、陳秀綸、張巧奇、劭靜如
時間：八十八年十二月二十一日
地點：馬公雜貨店

雙頭跨的地名由來

　　我們祖先剛從金門到澎湖的時候住在海邊，那裡常有強盜出沒，祖先覺得這樣不行，就找了一位地理師來看，看要在哪裡蓋房子比較好。於是地理師就找到現在這個地方，全部的居民就從海邊搬來這裡住，現在這裡的三十九號，是姓蔡人家最早的一間房子。

　　這個地方本來沒有地名，因為附近四面都是山，跨住這裡形成了凹地，東西跨住，南北也跨住，所以取名為「雙頭

跨」。至於地理師為什麼要選這裡，是因為這裡東北山上有一條水脈，經過我們村子流到大海（就是現在的興仁水庫）。這條水脈一年四季都沒有斷過，地理師就是看上這一點，才要我們把村子建在這個地方，之後村子就慢慢興起來了。不過那時人煙稀少，沒什麼人要用水。後來有一次，連續旱災十三年，水源就變得斷斷續續的。

講述：蔡鴻獻、四十六歲、空專、國台語
採錄：徐翊倫、陳育津、范碩純、羅純霜
時間：八十七年十一月一日
地點：馬公市興仁里

山水的地名由來

（一）

山水為什麼會叫「豬母落水」？在古代，山水沿海的大型水產動物很多，其中有一種「土婆」，是一種巨大的八腳章魚，常常爬到海岸邊活動。當土婆發現毛豬，會立即快速的伸出巨手將毛豬抓入海中吃了。先民看到這種場景，就把這裡叫做「豬母落水」，意思是要大家提高警覺，不要隨便放任毛豬到海岸活動，避免被土婆抓入海裡吃掉。

在澎湖，山水是比較晚形成的村落，因為這裡的海岸都

是黃色沙灘，海盜常在此登陸搶劫，先民因此不敢在此定居。一直到清朝乾隆年間，居民漸漸多了才形成村落。後來，當地居民認為「豬母落水」這個地名太長不好叫，因而改為「豬母水」。光復後，認為「豬母水」這地名還是不雅，就改名叫「珠江」，但還是覺得不妥，最後才改成「山水」。因為「山水里」海岸有個坡地叫做「觀音山」，加上藍天碧海，改名「山水里」最為合適。

講述：陳邵料
採錄：陳名仁、楊雅婷、父子
時間：九十年
地點：自家

（二）

很久很久以前，山水不叫做山水，它沒有名稱，只有一些養豬人家。這一天，一戶養豬人家，帶著母豬和幾隻小豬在海邊散步。這時突然從海裡伸出八隻類似章魚的觸手，一下子就將小豬拖下海中。飼主一時嚇呆了，不知如何是好，而母豬救子心切，馬上就跳進海裡，與那怪物爭鬥。在爭鬥時，不時發出淒厲的叫聲，最後母豬與那怪物同歸於盡。後人為紀念這隻母豬，便將此地稱為「豬母落水」，後來又改為「豬母水」，至日據時代才改名為「山水」。

　　另外，在山水西邊的岸上，有一海蝕洞，外形有點類似風櫃洞，在風吹過時，會有類似豬母的淒厲聲音出現，所以稱它豬母洞。

講述：陳燈火、四十七歲、公務員、小學、閩南語
採錄：陳傳元、陳智維、黃中杰、許文鑫
時間：八十六年六月十日
地點：馬公市山水里

（三）

　　山水以前又叫豬母水，那是因為從前養豬，都是把豬放養在海邊，讓他自己去找吃的。後來居民發現一整群母豬和小豬都不見了，於是就組織自衛隊偵查。才發覺一大清早，小豬四隻腳沒有走動，卻一隻一隻自動往海裡跳，幾個壯漢跑過去看，才看到土婆（一種大章魚），把小豬拖進海裡吃了。而母豬為了搶救小豬，也跟著跳進水裡，之後口耳相傳，這裡就被叫做豬母水。

講述：陳振益、五十四歲、公務員、高中、國台語
採錄：林婉琪、黎孝敏、周真竹、黃怡華、林嫈芬
時間：八十七年十一月八日
地點：馬公市

（四）

　　山水從前的地名叫豬母水，那是因爲有一隻母豬，生了一群可愛的小豬。可能是當年的時機不好加上寒冬，所以母豬想到海邊捉些魚給小豬吃。下海覓食時，大概是太冷了，就死在海上，所以這裡才會叫做豬母落水。

講述：許騰芳、八十歲、廟公、日本教育、台語
採錄：曾靖雅、吳瑞娥、陳美慧、柯文玲、洪潔如
時間：八十七年十一月十四
地點：湖西鄉北寮村

（五）

　　幾百年前的時候，有一隻母豬帶著一群小豬到海邊玩，這時海邊出現了一隻大土婆，牠把玩水的小豬捲下海中吃掉。一會兒，吃完了小豬還想吃母豬，就用觸腳吸住母豬，想把母豬拖下海中，可是因爲母豬的力氣比較大，土婆反而被拖上岸。土婆一離開水，觸腳便粘住了沙子，無法再吸附東西，所以就被母豬帶回家去。主人看到母豬帶回這隻大土婆，才知道最近小豬時常不見的原因。所以就叫這個地方「豬

母水」，後來覺得「豬母水」不好聽，便改名爲「山水」。

講述：王賜得、七十歲、農、不識字、台語
採錄：楊秀芳、王秋賢、魏旭敏
時間：八十六年九月二十九日
地點：湖西鄉紅羅村

（六）

　　很久以前，山水是一個鄉下地方，養豬人家都把豬養在海邊。有一天，有一戶人家生了一窩的小豬，但奇怪的是，每天早上去豬舍看的時候，都少一隻小豬，主人覺得很奇怪，小豬才剛出生，會跑到哪裡去！有一天，主人到豬舍去，發現連豬母都不見，他急得出去四處找，卻一直找不到，直到海水漲潮，才看到豬母從海水中游出來，身上還揹了一隻「大土婆」。這時主人才知道，小豬是被這隻「大土婆」拖到海裡吃掉的，最後連豬母都被拖下去。但因爲豬母太重，土婆拖不動，等到海水漲潮，反而被豬母揹上岸，後來村裡的人就把那裡叫做「豬母水」。

講述：洪陳秋紅、五十二歲、工、小學、國台語
採錄：陳嬿秋
時間：八十七年十二月十四

地點：西嶼鄉小門村

（七）

　　從前的山水叫「豬母落水」，那是因為從前澎湖養豬，都沒有豬圈，讓豬在外面自由跑。有一天，母豬帶著小豬到海邊玩，這時卻爬上一隻大土婆把小豬吃了。母豬為了保護小豬，就追土婆到海邊，土婆竟然連母豬也想吃，就爬到母豬的背，用吸盤吸住母豬，母豬被吸的很痛，就邊叫邊走回到主人的家中。主人看到母豬背著一隻大土婆回來，卻不見小豬，才知出事了。這個土婆後來被抓起來秤，竟然有五十多公斤，這就是「豬母落水」的由來。後來因為「豬母落水」太長了，老一輩的人講話「漏風」，就變成「豬母水」，可是當地人認為「豬母水」還是難聽，後來就改名叫山水。

講述：林丙寅、八十歲、日本教育、當地老人說的
採錄：徐瑞霞、陳盈君、潘香君
時間：民國九十年五月二十六
地點：白沙水族館

（八）

　　在古早時代，現在的山水里不叫山水而是叫豬母水。從前人家養豬，沒有將豬關在豬籠中，而是野生放養。有天，一隻母豬帶著一群小豬至海邊玩，在玩的當中，忽然有一隻大土婆跑出來吃小豬，土婆吃完小豬又想吃母豬，就用吸盤吸住母豬，母豬努力掙扎，從海裡跑出來。人們看見了，以為母豬會下海捕魚，所以就把這裡叫做「豬母水」。

講述：郭長流、商、七十二、初中、台語、長輩
採錄：盧意婷、郭典宜、陳心馨
時間：民國九十年六月十一日
地點：西嶼鄉竹灣村

（九）

　　傳說以前山水有一戶人家，他養的母豬帶著小豬到海邊去玩，不料其中一隻小豬被海裡的土婆拖到海裡，母豬為了救自己的小孩，奮不顧身的衝到海裡與土婆搏鬥。母豬的身體被土婆的觸角吸住，嚇得牠衝上沙灘，直奔主人家中，那隻大土婆來不及收回牠的腳，就被母豬帶回家中。主人看到母豬帶回這麼大一隻土婆，非常高興，就將土婆的身體剁成好幾塊，有的現煮、有的曬乾。附近鄰居得知消息，一傳十，十傳百，傳說著豬母下水救小豬的事蹟，久了就成了「豬母落水」，再久一點就叫成了「豬母水」。

講述：陳保利、七十五歲、小學、台語
採錄：陳美慧、楊雅如、劉淑蘋、許雅婷
時間：八十七年十一月二十日
地點：馬公市蒔裡里

【後記】

　　關於「豬母落水」的傳說，大致有二種結局：第一種是母豬被土婆拖下水而亡；第二種則為土婆被母豬揹上岸，成為人們的桌上佳餚。二種說法各有其支持者，但由原始地名「豬母落水」來判斷，第一種說法應該比較接近事實。

鎖港的傳說

　　鎖港本名「小管港」，這是因為以前這裡有很多小管，居民只要去港口就可以抓到小管，所以叫「小管港」。這邊有句俗語說：「山水了埈，鎖港了山」[三]，聽說在一百多年前，鎖港的海邊有一座由白沙堆成的山，某一年冬天，東北季風很大，整座山的沙子都被吹到山水的海中，把海填成了陸地，所以現在山水的海岸，就是我們鎖港的沙飛去填出來的。以

三　這句話亦做「小管港了山；豬母水了埈」。埈，或做「灣」，海灣、港灣之意。了，音ㄌㄧㄠˇ，台語損失之意。本句意思為：鎖港損失了一座山；山水損失了一個埈（灣）。

前，山水若遇颱風，海水灌入社裏，全社的房屋都會淹水。
後來因爲海岸線往後退了，情況才有所改善。

講述：陳興（北極殿董事）、許溫西（法師）、阿嬤說的
採錄：廖勇翔、吳聲博、陳保宏
時間：民國九十年六月十六日
地點：鎖港北極殿

瓦硐的地名傳說

　　瓦硐之前稱爲巷港，它的名稱由來，據說跟張百萬有關。
那時候張百萬在巷港這裡，蓋了八間房子，八間房子的屋頂
都是用很貴很漂亮琉璃瓦。每當傍晚太陽卜山，夕陽照到屋
頂的琉璃瓦就會發光，因此就把這裡就瓦硐。

講述：林丙寅、六十九歲、日本教育、國台語
採錄：蔡淑敏、梁純菁、許文綺
時間：民國九十年五月二十三日
地點：白沙水族館

紅羅村的地名由來

　　紅羅村的舊名叫「紅羅罩」，村裡的人全部姓洪。我們紅

羅村這裡的地勢比較低，黃昏的時候從湖西走過來，就會發現夕陽把這裡照的很美，就像「紅羅罩頂」一樣，所以叫「紅羅罩」。不過音久了就變，後來就叫成「紅拿罩」，所以如果我們聽到有人叫「紅羅罩」就知道他是外地來的，我們這裡的正音叫「紅拿罩」。

講述：洪先生、五十歲、教師、大學、台語
採錄：曾國欣
時間：八十九年十二月十一日
地點：湖西鄉紅羅村

湖西地名雜說

　　澎湖比起台灣開墾的很早，有人住的話，根據天后宮的歷史推測，已經有四百多年的歷史。澎湖總共有五鄉一市，九十七個村里，每個村里的地名，按我的看法都很粗俗。這表示當時來開墾的祖先文學比較不好，俗話說：「較土人啊！」所以取的名字都比較土。

　　比如以「港仔尾」來說，為什麼叫「港仔尾」？從這裡看，剛好有一條水（案：台語的說法為「一港水」）從跨海大橋吼門那裡流到這裡，「水尾」流到這裡，所以從金門來的祖先，就說我們是住在「這港水的尾巴」，所以叫「港仔尾」，從開基祖到現在大約已經三百五十年左右。這樣的地名很粗

俗，不是文學家取的，如果是文學家取的名字就會很文雅。
再說附近的幾個村子：

潭邊村，為什麼叫「潭邊村」，因為中正橋南邊有一個潭，
村子在潭的前面，所以叫「潭邊村」。再說中西村，為什麼叫
「中西村」？光復以前它分「中寮」和「西寮」，那時剛來住
的人，可能是先搭個寮簡單住一下。什麼叫「寮」？就是用
竹子或樹枝綁一綁立起來，上頭蓋些芒草就叫「寮」，澎湖沒
有竹子和樹木，都是用蕃薯藤和枯枝綁一綁，上頭蓋一些蕃
薯葉或芒草做的。所以「中寮」和「西寮」，就是說他的「寮」
在中間、在西邊的意思。後來就定名為「中寮」和「西寮」，
光復以後就合併為中西村。

再說南邊的安宅里，光復以前叫「宅腳嶼」，「宅」就是
種菜的「菜宅」[四]；「腳」就是在身邊、腳邊的意思；嶼就是
像「島嶼」的一塊地。所以「宅腳嶼」就是菜宅邊一塊像島
嶼的地。祖先來這塊地種菜蓋菜宅，所以叫「宅腳嶼」，光復
後改名叫「安宅」，就比較文雅。

我們許家村舊名叫「港仔尾」，光復後才改名為許家村。
因為我們這裡沒別的姓，都是姓許的，所以叫許家村。為
什麼許家村三百多年的歷史，都沒有別的姓？早期許家要是
有人沒生兒子，向別的村子領養孩子回來，只要改了姓，都
能很平順的長大。若是招贅就不一樣了，要是被招進來，卻
不願意改姓，都活不久，三、四十歲就死了。所以說這很奇

四　菜宅是一種擋風的石牆。請參見頁六十六[註十七]。

怪，外姓在這裡都住不下來，只有姓許的才住的了，幾百年
都是這樣子。

再說「成功」，光復前叫「港底」，光復後才改名叫「成
功」。因爲它那裡的地勢高，從東邊往西溪那裡過去比較低，
像要填進港的底，所以叫港底。澎湖以「港」爲名的舊地名
很多，像許家村叫「港仔尾」；講美叫「港尾」；港子叫「港
仔」（案：只是台語尾音音調不同），還有沙港－沙的港；鼎
灣－像鼎的那一丸……，所以說澎湖的地名都取得很粗俗，
很不好聽。

還有些地名取得很奇怪。比如說澎湖有一句話說：「竹篙
橫礁雙頭跨」，你想「通梁」和「橫礁」怎麼會連在一起？自
民國五十五年，蔣公來蓋跨海大橋，這時大家才覺得這些村
名取的有道理：通那個梁（橋樑），橫來西嶼這個礁，才合這
個界。這「通梁」、「橫礁」、「合界」的名字是未來的預兆，
聽說這是劉伯溫當年留下來的「懺」，是很奇妙的。[五]

講述：許文永、六十三歲、村長、國台語混用
採錄：蔡惠碧、陳雅莉、鄭美錦
時間：八十九年十一月二十八日

五 這段話是講澎湖幾個很「未卜先知」的地名。先民（通常是說蔡
　　進士）知道未來會有跨海大橋橫跨海面，連接西嶼、白沙二島，
　　故將今跨海大橋二邊的村落，先取名爲：「通梁」（通一座橋樑）、
　　「竹篙」（橋像竹竿一樣）、「橫礁」（橫跨）、「雙頭跨」（橫跨兩邊）、
　　「合界」（將二邊的地界合在一起）。參見本書頁三十四註十二。

地點：湖西鄉許家村講述者家中

西嶼地名傳說

（一）

聽說從前西嶼並不是叫「西嶼」而是叫「獅嶼」，意思也不是因為它是最西邊的島嶼，而是它的樣子就像是一頭獅子，所以才會叫「獅嶼」。後來因為台語的「獅」跟「西」音一樣，日子久了，「獅嶼」就逐漸變成「西嶼」了

講述：謝明彰、四十一歲、國大代表、大學、國語
採錄：林志賢、高慧珠、林嘉芝、朱敏蕙、黃淑卿
時間：八十七年十月三十一日
地點：馬公市

（二）

在澎湖的內垵，有一座小山，山頂成圓狀，山坡的面積越往下越寬。坐漁船從外海看過來，非常像牛心，所以叫它牛心山。牛心山旁邊有港灣，可以讓船隻避風，就叫牛心灣。竹灣的名字，是因為清朝時，那裡長滿了竹子，所以就叫那裡竹篙灣，後來改名為竹灣。

講述：林楨、八十歲、農、小學、閩南語
採錄：陳慧菁、陳雅玲、郭淑婷、陳秋子、楊雅婷
時間：民國九十年六月二日
地點：馬公市案山里

（三）

　　這是一個在還沒有「通梁」、「橫礁」及跨海大橋時的傳說。傳說以前的祖先在要到大礁（跨海大橋的北邊）與蓮礁（跨海大橋的南邊）釣魚或是撿螺仔時，都很不方便。於是西嶼村民與白沙村民就有這樣的一段對話：

　　西嶼人：如果西邊的礁能橫過來這裡就好了。

　　白沙人：可是這樣，遇到漲潮時怎麼辦？如果做個橋樑通過去，是不是比較好？

　　西嶼人：我還是覺得礁橫過來比較好，不如我們這裡，就用「橫礁」這個名字，表示對未來的希望。

　　白沙人：我們還是希望，有一天能做個橋樑通到西嶼。

　　因為這樣，所以跨海大橋的兩邊，就產生了「橫礁」與「通梁」這兩個地名。

講述：鄭天賜、七十歲、農、日本教育、台語、古早人說的
採錄：陳正男、陳長利、洪淑惠、邱淑芳、吳淑卿、鄭婉榆

時間：民國九十年六月三日

地點：白沙鄉通梁村

（四）

澎湖各島嶼的名稱都是蔡進士取的。他十三歲去考試，主考官問他澎湖島嶼的名稱，那時澎湖很多地方的地名都還沒取，所以他就隨口說一說，什麼虎井、桶盤……所有的地名是他取的。最有趣的是他像仙一樣，幾百年前還沒有跨海大橋的時候，他就知道要把地名取作通梁、横礁、雙頭跨、合界了。

講述：蔡宗正、七十三歲、村長、台語

採錄：陳振義、陳家駿、陳聖杰、張炳耀

時間：八十七年十二月十日

地點：西嶼鄉竹灣村

（五）

雙頭掛、竹篙灣、通梁、合界、横礁這幾個地名，都是蔡進士取的。蔡進士取名之前，還沒有跨海大橋，很靈的是，在取了「通梁」之後，便通了跨海大橋這一條橋樑。

講述：許明昭、七十六歲、日本教育、台語
採錄：紀鈺雯、丘君微
時間：八十八年十二月八日
地點：湖西鄉西溪村

竹灣地名由來

　　二百多年前，澎湖還是一個沒有開發的荒島，許多大陸沿海漁民，都會來這裡探險捕魚。當時西嶼的西方有珊瑚礁、岩石柱還有豐富的魚群，因此，大家覺得在這裡個地方討生活很容易，也很好發展。所以每次來，就撿些木頭、硓古石，簡單的蓋房子暫時居住。久了，大家覺得這樣不是辦法，而且只有魚沒有飯也不行，就想要開墾田地。但附近的土地挖下去都是石頭，不能種植農作物。一直到後來，有懂風水的從大陸來，往西方看，看到這個海灣，就說這個風水非常好，所以居民就搬到這裡來。這個海灣的內陸有許多竹子，所以就叫這裡「竹篙灣」，這個名稱用了很久，直到四十多年前才改名為竹灣，用到現在。

講述：蔡宗正、七十三歲、日本教育、台語
採錄：李書螢、康淑蘭、陳俊勳、方心舫
時間：八十七年十一月八日

地點：竹灣大義宮

赤馬的地名由來

　　赤馬，以前叫做「緝馬」。據說清朝時，竹灣這裡駐了一位總兵，他有一匹心愛的馬。某天這匹馬跑掉了，他派兵四處尋找馬的蹤跡，一直找到赤馬這裡，才找到這匹馬。因為在這裡追緝到馬，所以就取名為「緝馬」，後來音變，就變成赤馬。

講述：李文富、六十一歲、自由業、專科、國台語
採錄：許依婷、江玉琳、莊雪如、劉蒲霏、吳佳慧
時間：八十八年十一月二十一日
地點：西嶼鄉外垵村

澎湖北海諸島的名稱由來

（一）

　　湖西鄉北寮村有一座奎壁山，因外形酷似烏龜而得名。村中的居民都是靠捕魚為生，但由於經常發生意外，所以居民便向神明請示原因。神明說這是西邊虎頭山的虎頭精在作怪，虎頭精因為肚子餓，所以出來吃烏龜，烏龜就是奎壁山，

所以村中的居民出海便容易出意外。解決的方法就是準備其他的食物給虎頭精吃。

　　所以當地百姓就把北方的五座無名島取名爲：小白沙（表白米）、屈爪（表雞爪）、錠鉤（表黃金）、雞善（表雞肉）、鳥嶼（表鳥肉），把它們叫做「五寶」，獻給虎頭精，希望藉著此舉，能讓虎頭精改吃五寶，不要再吃奎壁山這隻烏龜，以保護大家的性命。果然，自從「獻五寶」之後，當地再也沒出什麼意外了。

講述：吳同堯、二十歲、學生、專上、國語、講美村長所述
採錄：胡文琇
時間：八十六年六月十八日晚
地點：馬公市民族路

（二）

　　青螺村有一座虎頭山，傳說山上有虎頭精，虎頭精常常會張口吃人，所以青螺村就很不平安，村民出海捕魚常發生意外。後來村民去請示神明，神明說這是虎頭精在作怪，牠只要肚子餓就會吃人，村民就會不平安。村民問有沒有解決的方法，神明說只要準備其他東西讓老虎吃飽，牠就不會吃人。所以青螺就把附近五座島嶼取名爲：奎壁山（表烏龜）、雞善嶼（表雞）、鳥嶼（表鳥）、錠鉤（表元寶）、員貝（表錢），

把食物跟錢財獻給虎頭精，希望虎頭精改吃鳥或烏龜，不要吃人。真的很神奇，取了這些名字之後，青螺村就很少出什麼意外了。

講述：張先生、六十五歲、國台語混用
採錄：陳雲慧、林雅秋、林明香
時間：八十七年十月二十五日
地點：白沙鄉赤崁村

【後記】

　　傳說往往會隨著人地的不同而有改變，所以第一則故事，是北寮村怕老虎吃烏龜（奎壁山）所以要獻五寶；而第二則故事，是青螺村害怕老虎吃不飽，危害本村居民，因此所獻的五寶，第一個就是大烏龜。而鳥嶼、員貝若有類似故事，所獻五寶自然絕對不會有自己居住的島嶼，因此五寶在各地可能都不相同。

姑婆嶼的名稱由來

（一）

大赤崁之說法

　　有一個小姐，她有一個很要好的結婚對象，但是因為家

人反對，要替她另外訂親。這位小姐爲了要表示對她男朋友的忠貞，所以就逃到一個無人島上居住不肯回家。家人沒辦法，只好定期送一些必需品給她。後來她便一直待在島上，直到老死始終沒有結婚。她兄弟的子孫來看她，都稱她姑婆，所以漸漸的這個島就被稱做姑婆嶼。

吉貝之說法

有一個小姐，她時常幫哥哥照顧孩子，某天由於工作忙，沒注意到孩子，孩子竟然窒息死了。她覺得對不起兄嫂，更怕被責備，所以便逃到無人島居住。其實她的姪子只是暫時窒息而已，並沒有死去。後來姪子長大生子，打聽到姑姑的消息，便帶著孩子來請他的姑姑—孩子的姑婆回家。所以後來這個島就稱做姑婆嶼。

講述：林文鎮、五十歲、教師、大學、國語。當地人傳述
採錄：鄭靖柔
時間：八十六年五月三十一日
地點：馬公高中

（二）

從前有一對年輕的夫婦，才結婚不久，丈夫便出海捕魚，沒想到丈夫從此就一去不返，大家猜想應該是在海上遇難

了。因為從澎湖出海回來的船，大都會經過姑婆嶼，所以妻子每天都到那裡打聽消息，到後來，她乾脆搭房子住在那裡。附近的人都知道這件事，所以出海回來，都會向她報告有什麼消息，等了很久，丈夫始終沒有回來，最後就老死在那座島上。由於當地居民都叫她姑婆，所以後來就把那島嶼稱為「姑婆嶼」。據說現在島上，還有她住的房子及一口井呢！

講述：張榮昌、六十八歲、中學、國語
採錄：楊惠雅、蔡旭倫、彭雅廉、俞建梅、李苑青、邱貴香
時間：八十七年十一月八日
地點：湖西鄉中西村

雁情嶼的傳說

中屯橋的右手邊有一座小島，以前叫「奶罩島」，因為島的樣子就像一個奶罩。傳說從前何仙姑在那裡洗澡，衣服脫光後剛好走來一個男人，何仙姑覺得不好意思就急忙離開，連奶罩都忘了拿，所以叫「奶罩島」。現在為了文雅起見，已經改名叫「眼鏡島」。

這個島有很多名字，有人把「眼鏡島」說成「眼鏡嶼」，後來音偏掉了，又變成「眼前嶼」。也有人說是因為這個島很近，退潮的時候就可以走過去，近在眼前，所以叫它「眼前嶼」。又有人用這個音，用比較文雅的字表達，叫「雁情嶼」。

講述：潘曾文平、六十五歲、日本教育。護士與病患
採錄：陳玨君
時間：八十九年十二月八日
地點：國軍澎湖醫院洗腎室

吉貝名稱的由來

　　吉貝人是從大陸泉州、漳州一帶過來的，和金門人屬於同一地方的人，所以吉貝的口音和馬公不同，反而跟台北金門的一樣。

　　「吉貝」早期的名稱是「ㄍㄚ ㄅㄨㄚˋ」，這個名稱沒有任何字形可查，就只是祖先們留下來的口音。後來這個小島開始養貝，整座島也都是貝殼沙灘，所以就有人說這裡是「吉祥的貝殼」，叫久了「吉貝」這個名詞就出現了。當初也沒想過會用「吉貝」來稱呼這裡，但是「吉貝」一出現，大家都覺得好聽，所以就成了這裡的名字，這就是「吉貝」名稱的由來。

講述：某先生、初中、五十二歲、休閒漁業、國台語
組員：李曉玲、邱宛嬋、陳慧頻、徐書翎、蔡蕙玲
時間：民國九十年六月十日
地點：白沙鄉吉貝村

虎井的地名傳說

　　虎井是澎湖八景之一，虎井最有名的就是虎井沉城。但是虎井海底是否真的有一個沉城，到目前都還有爭議。虎井的地名是怎麼來的？據說，虎井的東邊山上有一個洞穴，洞穴裡有一口井，在很古老的時候，時常會聽到井底下發出老虎的叫聲。於是大家便傳說，那個井裡可能藏了一隻老虎，就這樣口耳相傳，那口井就被稱爲虎井。

講述：陳宏利、五十歲、教師、大學、國語
採錄：吳玉仙、謝梅雀、翁欣眉、洪敏珊、莊雅惠、歐釆鑫
時間：八十七年十一月八日
地點：馬公市

幾個望安地名的由來

（一）

　　望安本島有四個村落，離島有五個村落。從天台山看過去最北方的叫水垵村，接著是中社村，以前叫花宅，就是中社古厝，再過來就是東安村和西安村。

　　在永曆十五年的時候，鄭成功率領軍隊要去台南安平，

途中經過澎湖。因為當時的風浪很大，所以船就在七美那裡停了十四天，等到天氣好轉，才注意到望安這八個島。因為希望可以平安的抵達台灣，所以把我們這裡改名叫望安：期「望」上天保佑他們平「安」到達台灣。

講述：張玉花、三十六歲、導遊、小學、台語
採錄：朱爰聰、黃宜芬、盧虹羽、陳秀燕、蔡美霞
時間：八十七年六月七日
地點：望安

（二）

望安舊名八罩嶼，因為附近總共有八座有人島嶼。後來改名望安，是因為鄭成功要到台灣時，經過七美海域，遇上狂風暴雨，軍隊人心不安，深怕到不了台灣。鄭成功當機立斷，拿起皇帝御賜的寶劍對上天祈禱，請求上天保佑軍隊平安到達台灣，祈禱完就把寶劍丟入大海。十分神奇，本來是狂風大雨暴浪，瞬時變得風平浪靜，眼前出現一座小島，軍隊欣喜若狂，認為這是上天承諾會保佑他們平安到達台灣，所以就把這個島取名為望安。

講述：許進治、三十八歲、望安國小校長。親戚
採錄：吳宏展、陳淑娟、莊英萍

時間：八十七年十二月一日
地點：望安國小

（三）

　　鄭成功為了反清復明，在明永曆十五年三月，自福建金門經澎湖再到台南安平。經過澎湖的時候，鄭成功的愛將李將軍死在船上。後來到了八罩島（望安古名），遇到很大的風浪，士兵沒水喝、士氣也很低落了，所以他向上天祈求軍隊能平安到達台灣，「希望平安到達台灣」，所以就將這裡改名「望安」。

　　望安旁邊有一個小島，鄭成功登陸望安之後，就把李將軍埋葬在那個小島。後來漁民出海捕魚，只要先去拜過李將軍，就會滿載而歸。為了感謝他，居民們就從小間的草屋慢慢蓋成廟，取名為「將軍廟」，後來為了紀念這將軍，就把這裡改叫「將軍嶼」。

　　網垵口是一個有白色沙灘的港灣，祖先大約六百年前從福建、廣東一帶來到這裡，有時漁船會在這裡靠岸休息。他們覺得這個地方很漂亮，沒什麼風浪，可以避風又可以種菜，久了，漸漸就有人來這裡定居，這裡就發展起來了。

講述：陳朝虹、三十六歲、高中、國台語
採錄：陳漢師、蘇淑娟、郭育銘、劉純如

時間：八十七年十一月十三日
地點：望安加油站

（四）

望安鄉中社村，以前叫「花宅」，爲什麼叫「花宅」？由環島公路進入中社村時，左邊有一個小山丘，以前有一位地理師來這裡看風水，發現山丘這裡有一條蓮花山線，像觀音的蓮花座一樣，所以把這裡叫「花宅」。而村民大多住在這條蓮花山線上的山腳下，因爲風水好，所以這裡的村民大都很有錢。

這裡以前種很多花生，中社有兩家花生煉油廠，叫長發、長合，就是將這裡的花生提煉成花生油運出去賣。村民利用帆船，裝花生、臭肉魚乾，運到臺南高雄一帶販賣。回程再用賺的錢，買白米回來賣，所以從前花宅的村民大都有錢。望安有四個村，古厝大多零零落落或是很小，唯一就中社這裡的古厝，很大間而且三合院還保持得很完整。

民國六十年，蔣經國先生巡視望安，就地裡位置來看，北邊有水垵村，中間是花宅村，東、西安村是平行的，花宅在中央，所以就將花宅改名爲「中社」。

講述：陳朝虹、三十九歲、公務員、高中、國台語、朋友
採錄：陳秋熹、徐蕙真

時間：八十九年十一月二十八日

地點：望安加油站

七美地名的由來

（一）

　　日據時代，在某個島上，有一戶人家生了七個美麗的女兒。有一天，姊妹七人一同到戶外踏青，但不巧遇見了一個日本軍官，日本軍官見其美麗，就想染指，七姊妹不從，於是便投井自殺。後人感其節操，就把此島命名為七美島。

講述：陳燈火、四十七歲、公務員、小學、閩南語

採錄：陳傳元、陳智維、黃中杰、許文鑫

時間：八十六年六月十日

地點：馬公市山水里

（二）

　　很久以前，有海盜來七美，他們上岸後發現有七個女孩很漂亮，就想要污辱她們，七個美女為了保持貞節，於是投井自殺。後來她們的屍體沒有撈起來，直接就井掩埋，之後井邊就長出了七棵樹。這七棵樹我們叫它香花樹，也叫楸樹，

每三個月，也就是春夏秋冬四季，都會換一次葉子，很神奇，全世界就只有這七棵，找不到第八棵。

據說香花樹的葉子可以治病，這幾年我當導遊帶觀光客親身體驗，有很多人求葉子回去治病。有時一團二、三十人，一人拿一本書，從早拜到晚，然後把葉子摘下來，夾在書中帶回去。就風水地理來說，七美人所跳的井是個鼎穴，穴的正中央正好是這口井，所以這裡不管下幾個月的雨，都不會淹水，它的前面有個石敢當，用來保護保護這個鼎。

老一輩的傳說，只要摘七美人樹的葉子就會肚子痛，因為枝就像她們的骨、葉就像她們的肉，所以不能亂摘。我小學時曾經偷偷去摘，真的肚子痛。後來是一個大將軍點化她們，告訴她們說我們要開放觀光，要她們保佑百姓，不要有神秘色彩。六

這座島本來叫做大嶼，後來為了紀念他們，就改名叫七美，就是現在的七美鄉。

講述：陳國明、四十八歲、導遊、高中。幼年聽媽媽講述
採錄：田鳳英、吳月鳳
時間：八十九年九月二十九日
地點：七美碼頭

六 大將軍殆指何志浩將軍。民國三十九年秋，何志浩將軍及李玉林縣長到七美人塚憑弔，感其氣節，遂做了一首「七美人歌」，不久於民國四十二年國慶日立碑紀念。

（三）

大約在明朝嘉靖年間，倭寇襲擊七美，當時有七位女子在一起撿柴，那些倭寇看到她們，便起了歪念，想要侵佔她們。這七位女子為了保全貞操拼命的逃，逃到最後無處可逃之時，看見旁邊有一口井，便都跳入井中殉節。後來井旁長出七棵樹，每到冬季便全部枯萎，到了春季卻又葉、花齊開，而且只開花不結果，花色呈米黃色。也有人說，花只有花蕊，沒有花瓣，摘花的人會肚子痛。後來為了紀念她們，就把島名改做七美島了。

講述：林再亨、六十九歲、漁業、不識字、台語
採錄：林煜婷、陳國龍、簡曉雨
時間：八十六年十月十二日
地點：湖西鄉龍門村

（四）

清朝時代，澎湖海域有很多海賊，他們常常襲擊經過的商船或搶劫離島的居民。有一次他們在搶劫中抓到一個老人，在老人苦苦哀求下，他被留下來當下人。後來老人趁機逃跑，海盜為了抓他追到七美，正好在井邊看到七個漂亮的

女孩子，就起了邪念想侵犯她們，七個女孩爲了保全清白，就一起投井自殺。過了很久，她們自殺的地方長出七朵花，其中一朵花有分枝。後來爲了紀念她們，就把這個島叫做七美島。

講述：洪諒黨、廟祝、台語
採錄：梁忠瑋、張光耀、陳寶元、呂學儀
時間：八十七年十二月十二日
地點：馬公市烏崁里

（五）

傳說明朝時，有七位女子在海邊撿柴，正巧遇到海盜襲擊，這七位女子拚命的逃，最後無路可逃了，看見旁邊有一口井，爲了保住名節，便跳入井中殉節了。後來古井旁邊長出了七棵樹，每到冬天便全枯萎，而到了夏天卻又生長得很茂盛。

這七棵樹有一棵長的特別不一樣，叫做大姐頭，傳說大姐頭是七個女孩中唯一嫁人的。還有人說七棵樹中有一棵長得較小，是因爲這七名女子中，有一個長得比較嬌小的緣故。據說這七棵樹很靈，不能隨意去摸，摸了就會肚子痛，必須去燒香拜拜才會好。去拜拜的人很多，香灰掉下來，井就漸漸被填滿了。現在一年四季，還是有人在拜她們。七美從前

叫「大嶼」，後人爲了紀念她們，就把島名改爲「七美島」了。

講述：鄭永得、五十六歲、公務員
採錄：歐美芳、陳佳秀、顏秋婷、呂佳紋、周美芳
時間：八十八年六月十三日
地點：馬公市文光路

（六）

傳說從前七美有七位女子在井邊洗衣服，正巧倭寇入侵，七位女子爲保持名節，便綁在一起往井裡跳。後來居民發現了，就直接把井填了，讓她們一起安葬在井裡，後來井邊就長出七棵罕見的樹。漸漸的便有人說，這七棵樹是她們的化身，亂摸會肚子痛，而那個塚是後來修建的。幾年前，有辦過祭祀，有幾位仙姑附身在乩童上，指示一些事情。

講述：許彩放、家管、六十歲、不識字、台語
採錄：顏玲華、顏麗倫、劉玲琪、洪朱菁、方榮勤
時間：九十年六月九日
地點：西嶼鄉竹灣村

（七）

　　以前澎湖有很多海盜，海盜搶了東西，就藏到七美、望安這些人少的島上。有一天，他們想把東西藏到七美的一口井旁邊，正好看到七個漂亮的女孩在那裡洗衣服，海盜就起了色念，想要侵犯她們。其中有一人就往井裡跳，其他姊妹看見了，也全跳入井裡以保持貞潔。後來七個女子的家人覺得奇怪，怎麼洗衣服洗到這麼晚還沒回來，就出去外面找。結果發現衣服在井邊，人卻不見了，最後才發現七個女孩全在井裡。因為沒辦法撈起來，就直接用泥土把井填起來，變成一座墳墓。說也奇怪，半年後井邊長出了七棵樹，開著白色的花，卻不知學名。據說當時有位女孩子已經懷孕了，因此她的葉子跟其他六棵不大一樣，有多長出另一種葉子，就是她肚子裡的孩子。

講述：許康南、六十二歲、國台語
採錄：張玄學、葉玉瑩、蕭彩蓮、李鳳嬌、何明璋
時間：八十八年十一月十一日
地點：馬公四眼井

（八）

　　從前七美有七位年輕的女孩子，她們感情很好，所以決定結拜為姊妹。海盜聽說了這件事，就起了歹念，在她們聚會結拜那天，一群海盜就衝進去，想蹂躪她們。七姊妹不從，

紛紛向外逃跑，其中一位跳進古井自盡，其他幾位看見了，也紛紛跳進去。事後第三天，古井四周開了七朵花，代表這七位堅貞不肯受辱的女性。

講述：王先生、約三十五歲、國台語混用
採錄：陳桓毅、呂美瑩、鄭彥菜、林育穗
時間：八十六年十月二十五日
地點：馬公市

（九）

　　從前七美有七個很漂亮的女孩子，他們感情很好，所以就結拜為姊妹，時常在一起聚會。有一天，他們約好一起去散步，走到半路忽然跑出來一群日本兵要非禮他們。他們拔腿就跑，可是附近沒有地方可以躲，後來發現有一口井，為了不要受辱，七個人就全部跳到井裡去。後來地方上的人，就把井囤起來，在旁邊幫他們做一個墓。後來那裡竟然開出很美麗的七朵花，所以大家都叫那裡七美。

講述：洪陳秋紅、五十二歲、工、小學、國台語、親戚
採錄：陳有諒
時間：八十七年十二月十二日
地點：西嶼鄉小門村

【後記】

七美人的故事眾說紛紜，大體上是說七位女子，受賊人所迫，爲保持清白而投井自盡，死後井邊長出七棵樹。但細節上有很多不同的說法。大略整理如後：

一、七美人身分：七位撿柴的少女、七位洗衣服的少女、七位正在聚會或結拜的少女、當地最美麗的七位少女、七個姊妹、七位海盜的妻女〔此說法是認爲當時七美島上並無人煙，唯有海盜利用當地的地形來藏寶，慘案的發生是海盜們黑吃黑的結果〕。

二、賊人則有：海盜、倭寇、荷蘭人、紅毛蕃、日本軍官數說。[七]

三、投井後則長出：一、七棵樹。二、七美中有一美懷孕（或生病或體型嬌小……），所以七樹中有一樹的花或葉或枝幹，長的較不一樣（如枝幹有分枝、花或葉比較枯黃、比較小、比較……）。三、一顆樹有七個分枝。四、七朵花。五、七叢草，叫七美人草。

七美白馬灣地名由來

清朝的時候，有一位將軍，他有一匹心愛的白馬。有一

七　海盜與倭寇的差別，在於是自己人（漢人）或異族的劫掠，若是爲抵抗異族殉節則更顯悲壯。荷蘭人即紅毛蕃。倭寇與日本軍官，則是年代的不同：倭寇是明清時期；日本軍官則爲日治時代。

天，將軍忽然心血來潮，帶著愛馬乘船出去玩。行經澎湖時，遇到暴風雨，船翻了，船上的乘客全部落入水中，白馬眼看主人即將淹死，便奮不顧身的游上前來救他。主人靠著馬兒的幫忙，飄到現在的七美島順利獲救，但是白馬卻精疲力竭死亡。當地百姓為了紀念這匹白馬，便把他們登陸的海灣稱為白馬灣。

講述：吳明利、學生、高中、國語
採錄：陳星志
時間：八十六年六月八日
地點：七美

二、山・岩石的傳說

龜山和蛇山的傳說

（一）

通梁有一座山叫蛇山，傳說有一條蛇精住在這裡；對岸竹灣有一座龜山，也有一隻烏龜精長居於此。龜蛇因為長年隔海相望，最後有了深厚的感情，成為一對情侶。

這龜蛇二精，在白天時是以山的形態呈現，等太陽下山後，便變回原形四處游動，快天亮時再變回一座山。因為這

樣，所以龜蛇二精，只能在太陽下山後，才能游至海中央與對方見面，天亮時又各自回去，日子就樣過了很久。

有一天，一群海盜在澎湖海域掠奪財物後要離開，他們先派幾個海盜，在白天駕著小船去探查水路，以便晚上可以離開。可是白天探查正常的水路，晚上卻無法通過，等隔天白天再去探查一次，晚上再出發，還是無法通過。連續好幾次，都是這一樣。

後來有海盜想到，莫非是有什麼東西在作怪，於是請來道士。那道士一看，便告訴海盜這裡有一隻蛇精和一隻烏龜精在作祟，所以擋住了去路無法離開。海盜要道士幫他作法，除掉這兩隻精怪，因為道士的法術高強，打傷了那兩隻精怪，最後龜蛇因負傷太重死了，永遠變成一座山。現在龜山的土壤顏色看來特別的紅，據說就是當時烏龜精流的鮮血染紅的。

講述：鄭天平、六十三歲、漁業、小學、台語。
採錄：陳美慧、楊雅如、薛小琪、許雅婷
時間：八十八年六月五日
地點：白沙鄉赤崁村龍德宮

（二）

據說鄭成功的父親鄭芝龍，原本是一位貿易商，他為了防禦海賊的搶奪，自己組織了一支強大的軍隊。後來明朝皇

帝看到他聲勢浩大，怕他影響到國家安全，就封他爲水師提督，要他到京城去。有一些人不想跟他到京城，就留下來就成爲海賊，他們以澎湖的無人島爲根據地四處搶奪。

有一天海賊發現，若由吼門進入澎湖的話，南可到馬公，北可到西嶼，是一個極佳的登陸地點。所以他們就算準了潮汐，準備來馬公搶奪。可是等到出海，卻發覺吼門水道被封住了，船開不進去。他們覺得很奇怪，就請地理師來看，地理師說這是因爲白沙有龜神，西嶼有蛇神守護的緣故。只要海賊想進入這裡搶奪，龜尾和蛇尾就會伸出來，結合在一起，形成一道屏障，封住航道，讓海賊進不來。

海賊詢問破解的方法，地理師說：只要在某時某日，把白雞斬掉雞頭，把雞血噴到龜尾和蛇尾的結合處，破壞他們的元神就可以。海賊照著做，龜神及蛇神的元神果然被破，屏障也消失不見了。玉皇大帝知道後，非常生氣，決定要給地理師一點警告，於是指派其他兩尊神明，代替龜神和蛇神看守吼門。所以等海賊要來搶奪時，又受到阻礙進不來。

海賊認爲地理師故意騙他們，就一腳將他踢下船。地理師一路漂流，最後漂到吼門這裡，被龜神與蛇神的替身：海鰻與螃蟹所救，因此地理師答應兩位神明要將功贖罪。地理師上岸後，在後窟潭（今重光里）找了一間沒人住的房子，將它裝潢得很漂亮，還設了一個庵洞、準備石花[八]和鋸子。又

八　據講述者說明，庵洞是古時飼養牲畜的地方，石花是一種可致人昏迷的植物。

找了兩個人當家丁，自己則裝扮成員外，每天在家中等待海賊上岸。

後來海賊果真相中地理師這間房子，半夜跑來行搶。海賊分批進入屋內，一進入屋內，家丁就用石花迷昏海賊，再用鋸子鋸斷他們脖子，把他們拖入庵洞放置。然後家丁再佯裝海賊，呼叫屋外留守的同伴趕快進入，所以海賊就這樣被消滅了。此後，白沙的龜神及西嶼的蛇神，就永遠在吼門這個地方守護著。

講述：鄭天賜、七十歲、日本教育、台語
採錄：顏慧嬋、顏鈺金、陳亞慧、吳錦惠、曾筱芸
時間：八十九年十二月十七日
地點：白沙鄉通梁村

（三）

我們通梁這裡的龜山有龜神，西嶼那裡有蛇神，如果有海賊想侵略澎湖內海的村里，龜與蛇就會交尾，阻止海賊入侵。有一回是這樣的：

明末清初時，鄭芝龍有一個很大船隊，在進行海上貿易。因為鄭芝龍的組織龐大，清廷要他去當水師提督，等於現在的海軍司令，但他不想當官，於是就組了一個軍隊，專門霸占離島搶劫。當他來到澎湖時，覺得澎湖真是個好地方，如

果來搶劫，應該有很多金銀財寶，於是就帶了軍隊準備侵略澎湖。沒想到來到白沙與西嶼間的外海時，卻怎麼樣都進不去，原來是龜蛇交合在一起，阻止船隊進入。

沒辦法，就去請教一位很高明的地理師，問他怎麼回事？地理師說：「這裡有龜穴跟蛇穴，是這裡的守護神，保護這裡不讓外人侵入。」鄭芝龍就用重金要求地理師幫他破解。所以地理師就要他在下月初一準備一隻白雞、酒及祭祀相關的東西，讓他在船上施法。當地理師一施法，龜蛇就受傷掉到吼門，海盜一見大喜，果然有用！等地理師施完法要拿賞金時，海賊卻說：「我們海賊可不講信用這一套。」然後就一腳把他踢落海中。

龜跟蛇受傷後，就到天庭啟奏玉皇大帝，玉帝准許他們回到人間去懲戒海賊，只要別傷及無辜。他們回到人間，遇到修行好幾百年的鰻魚及大蟳，鰻魚用嘴，大蟳用腳，咬住掉在海裡的地理師，讓地理師受苦卻又不會致命，最後讓他漂流到後窟潭（今重光里），要他為海賊入侵的事負責。

地理師受到教訓後，很後悔當初的作為，他知道海賊在海上的通路打通後，就會到馬公城搶劫。剛好後窟潭有一棟有錢人家的房子，現在已無人居住，他就在那裡住下來，打扮成很有錢的員外，並請二位有功夫的助手，來幫忙消滅海賊。又準備了石灰、鋸子、燈仔火等東西，每晚在小窗口點燈等海賊上門。

因為窗戶有燈，所以海賊很快就發現這戶人家，他們先派一個人，從狗洞鑽進去探路。他一進去就被等在那裡的助

手捉住,用石灰搗住嘴巴,發不出聲音來。後來其他人陸陸續續進入,也都遭遇同樣下場。在所有海賊被捉住後,地理師就將他們運至吼門丟入海中,祭拜龜神與蛇神。

講述:鄭天賜、七十歲、農、日本教育、台語、古早人說的
採錄:陳正男、陳長利、洪淑惠、邱淑芳、吳淑卿、鄭婉榆
時間:民國九十年六月三日
地點:白沙鄉通梁村

(四)

據說在很久以前,位於竹篙灣的員底再往北一點,有二座小山丘,一座叫龜山、一座叫蛇山。這兩座山只要過了晚上十二點,便會自動的合起來,所以當地居民,只要出海捕魚超過十二點,就會找不到入口回來。因此居民都認為這兩座山是「活穴」,時間一到便會活動。這種情形一直到後來有位從唐山來的地理師把它破壞了,便從此不再相合。但這位地理師也因破了活穴,在搭船回唐山時,遇到大風浪死在海裡。從此龜山與蛇山,就各自屹立在兩邊不再相合了。

講述:蔡玉琳、二十三歲、商、專科、國語、姊妹
採錄:蔡玉雯、陳本香、項淑美
時間:八十八年十一月二十三日

地點：馬公市光復路

（五）

　　傳說通梁有一座龜山，與地形如蛇的西嶼，恰巧成為馬公的屏障：如果有海盜想從西方進入馬公，龜山就會伸出龜頭與蛇山的頭相接，阻斷通道，使海盜無法入侵。因此海盜始終無法如願的洗劫馬公。後來海盜請地理師指點，才發現這二座山原來一個是龜穴、一個是蛇穴。破壞他們的方法，是用一隻白雞來祭拜他們，將龜頭引出來，趁機再用寶劍將龜頭斬斷即可。海盜們照著做，果然將龜頭斬下，龜血噴到對岸的西嶼，形成一道紅色的石道。這條石道現在還看得到，就在跨海大橋西邊不遠的地方。

講述：鄭秀李、五十歲、國小、是通梁人所以知道
採錄：郭清源
時間：八十六年五月二十日
地點：白沙鄉港子村

（六）

　　在竹灣至大池小道間的路旁，若仔細注意路的東側，不

難發現有一狀似烏龜的山，龜頭朝向東方，上頭長滿了銀河
歡。老一輩的傳說：在早期跨海大橋尚未建立前，居民的對
外交通非常不方便，而那狀似烏龜的山，以前真的是一隻活
的大烏龜，牠會馱著人們到對岸的馬公去。後來駐守海邊的
海防部隊見到巨龜便開槍射擊，烏龜中彈後死了，就停在現
在這個地方變成龜山。

講述：顏明家、五十一歲、漁
採錄：歐美芳、陳佳秀、顏秋婷、呂佳紋、周美芳
時間：八十八年六月十九日
地點：西嶼鄉大池村

（七）

　　通梁的西邊有一個小山丘，從馬公市看過來很像一隻烏
龜；而小門靠通梁那裡，則有一條很像蛇的海岸，這是一個
很好的風水地理，但被紅毛番請來的風水師給破壞了。他們
拿白雞引誘蛇出來，然後把蛇砍斷，血噴灑出去，把附近的
土地都變成紅色的，傳言那就是蛇血造成的。

講述：鄭順青、廟祝、七十七歲、小學
採錄：周嘉鈴、楊雅淳、張巧欣
時間：民國九十年五月二六日

地點：白沙鄉通梁村

（八）

　　據說從前荷蘭人，經常侵犯澎湖，只要一侵犯澎湖，通梁的龜山就會伸長頭，去連接西嶼的蛇山，這樣荷蘭人就攻不進來。後來荷蘭人請道士來看蛇山龜山的地形，道士說要破解很容易，只要在兩山中間拿一隻白色的公雞，把龜山的龜引出來，再用劍把龜頭砍掉就可以破了。荷蘭人要道士幫他們把烏龜殺死，所以現在跨海大橋下，那些帶有紅色的石頭，就是被當時的龜血染紅的。

講述：柯秋水、六十七歲、教師、大學
採錄：鍾賢明、陳晉寬、陳旗乙賜
時間：八十七年十一月十三日
地點：後寮威靈宮

（九）

　　傳說在通梁跨海大橋旁邊有一座龜山，西嶼則有一座蛇山，每到晚上龜蛇二山就會相交。後來紅毛番發覺這是很好的穴，西嶼會出皇帝，通梁會出大人物，這麼好的穴，不可

留下！於是紅毛番就趁龜蛇相交時，用竹竿綁了一隻白雞釣牠們，等牠們頭伸出來，就把龜頭和蛇頭砍斷。烏龜流了很多血，把附近的石頭都染紅了，這就是爲什麼龜山那一帶的石頭都是磚紅色的緣故。

　　另外傳說在那個海邊，有一股泉水會噴起來，有人去喝，說是淡水。海中會有淡水，就是因爲這裡是個龜蛇相交的好穴的緣故。

講述：林戴影、七十八歲、不識字、台語
採錄：鄭筱蘭
時間：八十八年十二月四日
地點：馬公市建國路

（十）

　　通梁村西邊有座山，叫做奎壁山，形狀看起來像一隻烏龜，奎壁山對面是西嶼，兩邊都有守護神守護，一邊是蛇一邊是烏龜。兩邊的守護神，個性不怎麼和，常常吵架。

　　有一天通梁人到對面捕魚，不小心和西嶼的居民起衝突，最後演變成龜精與蛇精出來打架。他們打到昏天暗地、巨浪濤天的，最後是兩敗俱傷，牠們所有的部屬都死了，龜蛇雙方也沈入海底不見蹤跡，只有龜甲浮上海面，變成現在的奎壁山。

講述：易金龍、六十五歲、種田、賣冰、小學
採錄：王瑋逸、林東震、許俊豪、郭淑珍、葉韶晴
時間：八十七年十一月一日
地點：跨海大橋

（十一）

　　傳說蜿蜒於西嶼的蛇山，在夜晚時會與對面的龜山相連一起，直到白天才會分離。某日有法師對這兩座山施法，分開了蛇山與龜山，從此這兩座山就不再相連，只能隔海遙遙相望。

講述：許陳月、五十三歲、商、不識字
採錄：黃志昌、吳建鋒、陳孝忠
時間：八十七年十一月二十八日
地點：竹灣大義宮

（十二）

　　不說你可能不知道，奎壁山以前叫做鳥龜山，因為它的形狀很像一隻鳥龜，有一個頭與兩個翅膀。在以前的時候，

如果你在山腳下講話，那隻龜就會跟著你講。不過日本佔據澎湖的時候，在龜頭的地方挖了一個防空洞。從此，人們在山腳下講話，牠都不會回話了，變成了一隻死龜。日本人挖的那個洞，可以讓整隻船通過，到達對岸的虎頭山。

以前又有人說，那裡是「龜蛇相會」。因為從那裡的海域往東看去，可以看見一隻蟳或螃蟹及一隻像蛇的動物，牠們看起來，就像是聚在一起開會一樣。

講述：許騰芳、八十歲、廟公、日本教育、台語
採錄：曾靖雅、吳瑞娥、陳美慧、柯文玲、洪潔如
時間：八十七年十一月十四
地點：湖西鄉北寮村

雁情嶼及雞籠嶼的傳說

現在沙港的西方及西北方有二座小島，一座叫雁情嶼，一座叫雞籠嶼。相傳兩座島嶼本來是連在一起的，是一對恩愛情侶的死後化身。但因為呂洞賓下凡出巡，經過澎湖天台山時，不小心掉落身上之「斬仙劍」，而將二座島嶼分開，並在天台山上留下仙腳印。兩座島嶼被分開後兩地相思，因此時常利用晚上的時間見面。所以只要一到晚上，便可以看到兩座島嶼靠在一起，一副很恩愛的樣子。

講述：陳文哲、漁、小學、閩南語
採錄：陳自強、曾學妹、呂茜琳
時間：八十六年十月十九日
地點：湖西鄉沙港村

許家虎頭山的傳說

（一）

　　在許家村西南方有一個小島，若是以縣政府文獻委員會的記載叫「牛母嶺」；若是安宅人就叫它「虎頭山」[九]；我們許家是叫「嶼仔山」。這個山是在許家、安宅、西衛三角地帶的中間，這三個村里叫它的名字都不一樣。我小時候聽老一輩的說，這個山從許家看出去，像一隻趴著的老虎，正準備要展威、咬禽獸。它的虎嘴向著許家，虎屁股朝著西衛，虎尾向著安宅。

　　虎頭山的石頭，受到海水沖刷，會逐漸鬆脫掉落。若是虎嘴的地方有石頭掉下來，我們許家就會死一個人，所以為了村裡的發展，我們在西邊這裡種林投樹，因為林投樹有刺，虎一張嘴就會被刺到，用林投樹塞住它的虎嘴制服牠。要是拉屎（屁股的地方掉石頭下來），西衛也會死一個人，所以西

九　澎湖有二座虎頭山，一座位於馬公市安宅、西衛及許家的三角地帶；另一座位於湖西的青螺村。

衛就在海邊建一座塔，意思是你要是大便，我就用這座塔塞
進你的屁股。

再說安宅，安宅也有一座塔，位於安宅的西南方，它是
什麼作用呢？當虎頭山的潮水，退到只剩三、四分左右，海
中就會出現一條砂礫步道，向著安宅，這就是虎尾。只要虎
尾向著安宅的方向一動，安宅就不安寧，所以就建這座塔鎮
住牠。

關於虎頭山還有一個奇特的傳說，這是我十三歲學小法
時我的老師說的。老師是西衛人，被我們許家招贅，他說他
常聽西衛的老人講，很久以前，有個許家頂寮的人，看中虎
頭山的地理，就把祖先葬在虎尾的地方。葬下去之後，西衛
就開始雞不啼、狗不吠，全村都不安寧。那時他們的王爺很
靈驗，就要他們趕快去「制」（或「祭」，台語音同），再晚就
制不了他了。「制」是要看時間的，等到海水漲潮，王爺要他
們的法師走路到安宅，再從安宅雇小船到虎頭山。同時乩童
就在西衛的廟中起駕，踏水面而來，結果乩童先到法師晚到，
所以他們的王爺真的很靈。葬在虎尾那裡的墓很英勇，神鬼
大戰的結果，王爺差點被那裡的墓「摧倒」，但最後還是被西
衛的王爺滅了。

講述：許文永、六十三歲、村長、國台語混用
採錄：蔡惠碧、陳雅莉、鄭美錦
時間：八十九年十一月二十八日
地點：湖西鄉許家村講述者家中

（二）

在許家村西南海域，有個無人島，有人稱爲「嶼仔山」，也有人稱爲「虎頭山」。以前村民相傳，虎頭山下有個洞穴非常的深，裡面有兩隻金蟳，後來紅毛番（荷蘭人）來到此地，發現這兩隻金蟳，便將它們抓走。這個洞穴便因無金蟳而成爲一個死穴，漸漸被砂石塡滿。

另外，虎頭山因每年東北季風不斷的吹襲，而不時有石頭風化掉落。傳說只要掉下一塊石頭，村中的村民就會遇到災難（有人會死去），就像是老虎吃人一樣。後來大家商量出方法：在北邊種植許多林投樹，向著虎頭，以林投樹來刺虎頭，把老虎的嘴巴刺傷，使它無法張口咬人，如此便能破解這個災厄。

講述：不詳、約七十歲、台語
採錄：黃國峘、蔡炳倫、高明娥、陶晶蓉
時間：八十六年十月三十日
地點：馬公市安宅廟廟口

（三）

許家西南海域有一個俗稱「嶼仔山」的無人島，村民又

稱他虎頭山。據說虎頭山是一個活穴，虎頭下的海邊，有一個深不可測的地洞，裡面住著一對金螃蟹。後來紅毛番抓走了金螃蟹，洞就逐漸堵死了。

　　虎頭山的虎頭，因為劇烈的風化與海蝕，常有岩石坍塌的現象，村民傳說這是老虎張嘴吃人的凶兆。每掉一塊石頭，村中就有一個人要遭殃，所以村子北方正對著虎頭的海濱，栽植了一大片林投樹，希望藉林投葉緣的刺來破除厄運。虎頭山南端有一條由海水沖激而成的小砂礫步道，村民稱為虎鞭，虎鞭的尾端，常隨著潮水偏東或西。村民相信虎鞭朝東時，村中就會有一位女子犯桃花，朝西，西衛則有凶兆。

講述：陳邵料、陳王玉盞
採錄：陳名仁、楊雅婷
時間：民國九十年
地點：湖西鄉許家村

青螺虎頭山的傳說

（一）

　　青螺村的虎頭山是一個虎穴，裡面住著兩隻老虎，一隻是虎母，一隻是虎仔。虎穴的開口正好斜斜對著鳥嶼，所以鳥嶼的雞都不會叫。鳥嶼的村民百思不解，直到請了地理師

來看才知道原因。於是鳥嶼村的人就趁虎母出去覓食時，搖著船抓走了虎仔，等船走到海中間，就抓起虎仔對虎母說：「孩子在這裡！」虎母為了救虎仔，就往海裡跳淹死了。從此之後，鳥嶼的雞就開始會叫了。

講述：李月玉、六十歲、農、不識字、台語、母女
採錄：李維珂
時間：八十九年十二月十日
地點：青螺自家

（二）

很久以前，虎頭山上有個山洞，裡面住了一隻老虎，牠生了二隻虎仔。虎母為了覓食，時常傷到附近的百姓牲畜，村民想除掉牠，但是老虎很凶猛，一時之間也沒辦法。後來有人想到，可以利用虎仔除去虎母，於是趁著虎母外出找食物時，把虎仔抓到錠鉤嶼，虎仔因為肚子餓就一直叫。

虎母回去後找不到虎仔，又隔海聽到虎仔的叫聲，就跳下海游過去。從虎頭山到錠鉤嶼很遠，海流又很強，在快游到的時候，虎母因為力氣用盡就沈下去淹死了。村民看母虎沈下去，也把虎仔丟下海去，從此虎頭山就沒有老虎了。因為曾經有過老虎，所以大家還時叫它虎頭山。

講述：洪先生、五十歲、教師、大學、台語
採錄：曾國欣
時間：八十九年十二月十一日
地點：湖西鄉紅羅村

（三）

從前青螺虎頭山上有個洞穴，裡頭住了一對虎公跟虎母，牠們在山頭要出來吃人時，看見的人就會敲鑼警告大家。大家就趕快回到家裡，關緊大門用力敲鑼，把老虎嚇跑。後來大家覺得這樣不是辦法，就等老虎下山吃人時，從另一邊爬上虎穴抓走小老虎，把小老虎帶到船上，划到深海的地方，引誘虎母來救。等虎母游到船附近，就用東西打牠，一直打一直打，打到牠沈入海裡死掉，再把小老虎丟下去，從此虎頭山就沒有老虎了。

講述：鄭英諧、六十五歲、退休教師、師生
採錄：鄭靜宜、王秋賢、楊秀芳、魏旭敏、凃夢豪
時間：八十七年五月三日
地點：白沙鄉赤崁村

半屏山的故事

高雄有一座半屏山，爲甚麼是半屏呢？據說從前有位神仙，想把半屏山搬到大陸去。他拿著畚箕，一擔一擔的把半屏山的土石，搬到海的另一邊去。可是以前的畚箕，不像現在是塑膠做的，是用竹子編的，中間會有小縫隙。所以半屏山的土石，就點點滴滴的從縫隙中掉落大海，經過日積月累，海中漸漸出現一個個島嶼，這些島嶼就是現在的澎湖群島。神仙也因爲畚箕裡的土石不斷掉落大海，無法順利的把山搬到大陸，最後只好放棄這個想法。那個被搬掉一半的山，就是現在高雄的半屏山。

講述：許鄭秋紅
採錄：許英倫、徐明雄、蔡政宏、呂婉如、林秋雲
時間：八十七年五月十九日
地點：馬公市

仙腳印、文石的傳說

（一）

傳說從前望安島與花嶼島是連在一起的。有一次呂洞賓從望安一帶經過，因爲肚子疼想「方便」，所以就在小島上蹲下來「辦事」。他蹲下來的地方剛好在天台山附近，由於太過

用力，就把望安島與花嶼島撐開了，而且還留下祂的大腳印，一腳在望安，一腳在花嶼。如果現在去天台山附近一帶看的話，可以看到海的中央有一些岩石，那就是呂洞賓遺留下來的產物，由於年代久遠，已經變成黑色的岩石。

另一個說法是八仙過海的時候，呂洞賓因內急而跨於兩島出恭，因貓惡作劇，情急一蹬，不僅將兩座小島分開，也留下一對「仙腳印」：花嶼的是左腳，天台山的是右腳。另外，為了懲罰惡作劇的貓，就將牠栓於柱子上，就是今日貓嶼前的「貓乞」（柱狀礁石）。

講述：許淑莞、二十八歲、教師、專上、國語
採錄：陳惠菁、顏子婷、許白龍
時間：八十六年十一月十六日
地點：馬公市

（二）

望安的天台山有個「仙腳印」，傳說是呂洞賓留下的。據說很久以前，常有仙人到天台山玩。有一天，何仙姑、李鐵枴、呂洞賓相約到天台山玩。不久玩累了，肚子也餓了，就去找個地方吃飯。

李鐵枴因為忌妒呂洞賓長得英俊瀟灑又有女人緣，便想趁機整整呂洞賓，於是就在他的飯菜中下了瀉藥。毫不知情

的呂洞賓把飯菜吃了沒多久，便感到肚子不舒服，於是就找個景色怡人的地方解放「廢物」。

此時李鐵柺拿起柺杖，想偷偷的打他，呂洞賓及時發現，腳一蹬就飛走了。不過他的仙圈卻掉下來碎了滿地，這些碎片就變成現在的「澎湖群島」。又，呂洞賓跳起來時，腳蹬得太用力，所以就留下兩個腳印，左腳在天台山，右腳則因為地被李鐵柺打裂了，所以在花嶼那裡。不過也有人說，澎湖列島是呂洞賓的「仙屎」變成的。

講述：鄭文禮、四十八歲、商、初中、國語
採錄：陳雅娟、林秋雲、廖香雅、林明慧
時間：八十六年七月
地點：馬公市新生路

（三）

望安仙腳印的由來，要從八仙遊澎湖說起：當時八仙中的呂洞賓和李鐵拐，同時都在追求何仙姑，因為呂洞賓長得比較帥，所以大家都看好他。有一次，八仙一同來澎湖遊玩，由於呂洞賓吃壞了肚子，急著要拉肚子，所以就一腳踏在望安的天台山，一腳踏在對面的花嶼方便，因此這二座島都留下呂洞賓的仙腳印。就在呂洞賓方便時，李鐵拐趁他不注意，用柺杖打呂洞賓，呂洞賓嚇一跳，就跳回天上去，留下的一

堆仙屎在天台山下，就變成一塊一塊的岩石。傳說以前花嶼和望安是連在一起的，因爲呂洞賓在這裡拉屎，把地撐開了，所以才變成現在兩個島。

講述：張玉花、三十六歲、導遊、小學、台語
採錄：朱爱聰、黃宜芬、盧虹羽、陳秀燕、蔡美霞
時間：八十七年六月七日
地點：望安

（四）

傳說八仙過海時，呂洞賓因爲腹瀉，緊急從雲端下降，左腳踩在浙江天台山頂，右腳踩在福建閩山山頂，在半空中「出恭」。「仙屎」落到東南沿海，形成「澎湖列島」。同時，這兩座山由於呂洞賓的踩踏，天台山從浙江被踩到望安，成爲望安的天台山；閩山也被踩到台灣海峽，成爲花嶼，這兩座山上都留有呂洞賓的腳印。

講述：林孟起、七十三歲、漁業、閩南語
採錄：賴騰勝、鄭秀如、呂婉如
時間：八十六年十月十二日
地點：湖西鄉龍門村

（五）

當年呂洞賓和七仙女來澎湖玩，跑到七美一個叫小台灣的地方，因為地名相近，七仙女認為那裡就是台灣，呂洞賓認為不是，就一個人騰雲駕霧跑到馬公玩，還吃了很多的海鮮。後來在回七美的途中，就在望安拉肚子，他左腳踩在天台山上，右腳踩在花嶼上方便，拉出來的仙屎，大的就變成島嶼，小的就變文石。望安、花嶼加上六顆仙屎變成的島，總共八個，所以望安古稱八罩。若不信，現在天台山上還有呂洞賓的左腳腳印，是很有名的旅遊盛地，右腳在花嶼，都還看得到。

講述：儲先生、五十歲、高中、國語
採錄：吳蘋禎、李慧萍、陳宜君、陳自強
時間：八十七年五月三十日
地點：廟口

（六）

據說呂洞賓很喜歡四處遊玩，有一天他到澎湖這裡遊玩時忽然內急，便一腳踩在天台山，一腳踩在花嶼上方便。偏偏此時玉皇大帝有急事，派金童玉女來找他，金童玉女一到

人間，便大喊呂洞賓的名字。呂洞賓一聽，褲子都來不及拉，連忙要走，仙屎撒了滿地，這些仙屎就是澎湖六十幾個島嶼的由來。

講述：許康南、六十二歲、國台語
採錄：張玄學、葉玉瑩、蕭彩蓮、李鳳嬌、何明璋
時間：八十八年十一月十一日
地點：馬公四眼井

（七）

澎湖望安的天台山號稱天台仙境，據說呂洞賓曾跟李鐵拐在此地下棋，李鐵枴輸了不服氣，就用鐵枴把棋盤打翻，棋子落在天台山下，就成了現在澎湖的特產—文石。另外也傳說，呂洞賓曾經把他的左腳跨在天台山上，右腳跨在花嶼，在那裡「出恭」，他拉出來的大便，後來就變成天台山下的文石。

講述：呂文雄、五十歲、教師、大學、國語、自己研究
採錄：李佳燕、翁甄蜜、王裕興
時間：八十六年六月五日晚
地點：馬公東衛國小

（八）

　　望安天台山上的棋盤，是呂洞賓他們下棋用的。有一次，他們下棋時不小心打翻棋盤，棋子灑了下來就變成文石，因此現在天台山才會有那麼多文石和貓眼石。

講述：張玉花、三十六歲、導遊、小學、台語
採錄：朱爰聰、黃宜芬、盧虹羽、陳秀燕、蔡美霞
時間：八十七年六月七日
地點：望安

（九）

　　傳說八仙中的李鐵拐，有一天雲遊到望安時，忽然想上廁所，所以就下來天台山方便。等他方便完，就在那裡留下一個腳印了，叫「仙腳印」。為什麼只有一個腳印？那是因為李鐵拐只有一隻腳的緣故。

講述：張榮昌、六十八歲、中學、國語
採錄：楊惠雅、蔡旭倫、彭雅廉、俞建梅、李苑青、邱貴香
時間：八十七年十一月八日
地點：湖西鄉中西村

（十）

　　天台山上有個仙腳印，傳說以前李鐵拐到澎湖玩，後來
他想「嗯嗯」，便左腳踩在天台山上，另一腳踩在東吉的一個
山上「嗯嗯」。這時玉皇大帝有事，派金童玉女到人間找他，
李鐵拐趕緊穿了褲子回去，聽說他的大便就是澎湖群島，這
只是一個傳說。

講述：郭金甲、八十二歲、小學、台語
採錄：李雅娟、曾士馨
時間：八十八年十二月十一日
地點：白沙講美村

（十一）

　　聽老一輩說澎湖的仙腳印有二個，花嶼一個、望安一個。
據說以前花嶼和望安本來是連在一起的，後來仙人把它分開
了。因為連在一起，望安的男人就很容易到花嶼找女人，花
嶼的男人也很容易到望安找女人，仙人覺得這樣不妥，就用
腳把它撐開，在花嶼和望安留下仙腳印。

講述：董進成、五十七歲、小學、台語
採錄：陳靜芬
時間：八十九年十二月十二日
地點：花嶼講述者家中

鐵線里的仙腳印傳說

　　古時候八月八日，八仙過海從東洋過西洋，經過澎湖縣鐵線里西北角的海邊。其中李鐵拐經過鐵線時，因為尿急就騎著牛落地，牛一落地就在海坪上留下一個腳；李鐵拐下牛的第一步，也在海坪留下一個腳印，他尿完後，就馬上騎牛飛回天上。這兩個腳印，漲潮時是看不見的，要等退潮後才看得到。這兩個腳印還會出泉水，而且是淡水，又甜又好喝，這個八仙的奇蹟，是我們鐵線里的傳說。

講述：蔡修德、六十歲、農、小學、閩南語、祖孫
採錄：蔡靜蓉、陳梅秀、吳姮慧、葉雯瑛、蘇鳳台、倪惠貞
時間：八十八年十二月十一日
地點：馬公市鐵線里

安宅石敢當的傳說

　　我聽古早人講，從前金門人來這裡討海，發現安宅這個

海垙不錯就遷過來了。姓薛和姓謝的是最早來的，他們來了之後，發現這裡有很多「海蹄」，「海蹄」就是現在說的水母，所以把這裡叫「蹄腳嶼」。「蹄」台語發音和「宅」相同，後來就變成「宅腳嶼」，民國以後才改名「安宅里」。

安宅廟的西邊靠海處，原本有許多石頭堆在那裡，長長一條好像碼頭一樣，長度約三、四十公尺。清朝時候，有一戶姓蔡的，來了六、七個壯丁，就去挖那些石頭，要搬回去圍「宅內」（菜園的圍牆）。那些石頭一個重四、五百斤，他們家出粗丁，七、八個兄弟，扛的、搬的、抱的，就把石頭搬回去，疊了一排圍牆，就在現在兵營前面那裡。

以前每逢初一、十五，民眾都會煮素飯去拜那個碼頭（石頭），現在沒有了，大家覺得這樣不行，就去撿石頭，用人造的方法再疊回去。從那時候起，我們安宅這裡，每年一定都會死人、出人命。那時的「羅衙」（衙門）設在西文，每當出人命，就要去那裡報官，「羅衙」感到很奇怪，怎麼宅腳嶼每年都會出人命，所以就來這裡看地理。

以前會被派到「羅衙」當官，都是很有學問會看地理的。羅衙看了看就說：「這些石頭要拆掉，因為這個碼頭是後來人造的，沒有順它的水文，把這條溝的水堵住了。這些水無處去，就在這裡激、這裡滾，造成『激水無流』。」意思是說，因為水流沖擊石頭，在石邊造成水花、泡沫，使得人心煩氣燥、容易發火，幾句話沒說好，就回家拿刀拿劍拼命，這樣就容易出人命。「所以這條石頭一定要拆！」後來石頭就拆掉了。拆下來的石頭就疊成一個塔，形狀像香菇，從此安宅便

一直便平安無事。

講述：謝樹航、八十二歲、初中、台語、同事的叔公
採錄：徐蕙真
時間：八十九年十一月十八日
地點：安宅廟口

赤崁石敢當的傳說

　　赤崁村東邊有一塊形狀像狗頭的岩石，當地人稱之為「狗頭穴」。五十幾年前，有一位叫凸喜的人，帶著兒子到赤崁做生意。這個兒子看到狗頭岩，就和人家打賭，說他可以踢斷它，結果他真的把它踢斷了。

　　自從踢斷狗頭岩後，村民生病的生病，出事的出事，整個村子變的很不安寧。而凸喜父子先是捕不到魚，然後是沒理由的生病。所以父子倆就來到這裡向神明懺悔，並且買水泥來修補倒塌的岩石，然後再請乩童在石頭下面安置三面石敢當，來鎮壓這股煞氣。這樣，村子才慢慢的恢復平靜。

講述：莊凱證、二十歲、學生、專上、國語、赤崁耆老所述
採錄：莊淑月
時間：八十六年六月四日晚
地點：馬公市三多路

小門石敢當的傳說

很久以前，有一次颱風把二隻大鯨魚和一隻小鯨魚吹到了岸上。次日，被小門地區的居民看見了，就宰了其中一隻大鯨魚來吃，結果這些吃鯨魚的人，全部暴斃死亡。後來他們發現另外二隻鯨魚，這次他們就不敢吃鯨魚，想把牠們推回海中。但由於鯨魚的身體笨重，推不回去，所以就有些人想：「放著也是死掉、臭掉，不如宰了吃算了！」所以又殺了第二隻鯨魚來吃，結果，這些吃魚的人又死了。這時大家很害怕，就有人把三塊石頭疊在一起，充當石敢當，向上天祈禱說：「我們的確是有心救牠們，但實在是無能為力。若任由牠們在這裡腐爛發臭也不好，所以只好把牠們殺來吃，若這樣也有罪，就請降罪在石頭上吧！」祈禱完，又殺了小鯨魚吃，結果這次，大家都平安無事。

講述：陳曉儀、二十歲、學生、大專、國語
採錄：謝惠婷、張雅珍、徐惠嫻
時間：八十六年四月十九日
地點：馬公市

二崁的壓網石、羊寮石

二崁的地界是從竹灣的龜山一直到大菓葉，都算是我們

的。那時二崁沒幾個人，能占到這麼大的海域，是因為祖先會功夫而且力大無窮。比如說那裡有一大塊石頭，傳說是以前祖先要養羊，所以就從海墘搬了一塊大石頭靠在路邊，上面再放一片石頭壓著，就變成一間簡單的羊寮，可以讓羊遮風避雨。

　　還有，那時有通梁人到我們這裡放網，等退潮時再來收網抓魚。二崁的祖先發現了，不動聲色，等他們放網回去，就去把所有的網收起來，上面壓一塊大石頭。等退潮他們要來收網，才發現魚網都被壓在大石頭下，十幾個人都推不動那個石頭。只好去打聽是誰做的，然後拜託人家來跟二崁道歉溝通，二崁的祖先才搬開那塊石頭，把魚網還給他們。

講述：陳添丁、五十九歲、理事長。古時候傳的
採錄：郭雅琪、劉愛治、呂嘉華、王雅玲、辛惠瑜
時間：九十年五月二十日
地點：西嶼鄉二崁村

七美望夫石的傳說

（一）

　　從前在七美有一對恩愛的夫妻，丈夫每天出海捕魚，妻子每天都會到海邊等待丈夫回來。有一天，丈夫出海捕魚，

遇上惡劣的天氣，從此便沒有再回來。但是這位深愛他的妻子，依然每天到海邊，痴痴的等待丈夫。最後由於體力不支，就死在那裡，村民很同情她，便將她埋在等丈夫的地方，漸漸那裡就形成一個人形的石頭，向著海邊眺望。大家就叫它望夫石。

另外有人說，她當時已經有了身孕，所以現在的石人，是挺著大肚子的石人，而且在肚臍的地方有一池水，非常甘美，長久以來不曾乾過。但是後來有一位啞巴在那裡拉屎，從此池水便會隨著季節乾涸了。

講述：許金雄、五十歲、漁、識字、台語。聽老一輩說的
採錄：張美雀、吳秋賢、蔡維丹、賴和聖、陳正國
時間：八十六年十月二十五日
地點：七美

（二）

傳說七美有對夫妻非常恩愛，丈夫每天出海捕魚，傍晚時太太便會去海邊等丈夫回來。有一回，丈夫出海遇到颱風，太太挺著大肚子一直在海邊等丈夫回來，但丈夫卻遲遲沒有歸來。不久，太太傷心過度也死了。後來，那個太太等丈夫的海邊，就出現了一個像孕婦躺在那裡的石頭。

講述：許彩放、家管、六十歲、不識字、台語
採錄：顏玲華、顏麗倫、劉玲琪、洪朱菁、方榮勤
時間：民國九十年六月九日
地點：西嶼鄉竹灣村

（三）

　　很久以前，有一對夫妻，丈夫每天出海捕魚。有一天丈夫的船翻覆沉沒，妻子很傷心，每天在岸邊不斷的傷心哭泣。那時妻子已經有七、八個月的身孕，沒多久，因為傷心過度也離開了人世。後來岸邊便浮起一塊大石頭，像是婦人懷孕躺在水面上的形狀，所以我們叫它望夫石。

講述：陳國明、四十八歲、導遊、高中。幼年聽母親講述
採錄：田鳳英、吳月鳳
時間：八十九年九月二十九日
地點：七美碼頭

（四）

　　從前有一對恩愛的夫妻，有天丈夫出外捕魚沒有回來，妻子就到海邊去等。等了一天又一天，一年又一年，一直痴痴地等下去。等累了，就躺下來休息，後來感動天地，就把

她變成了一個石頭。

講述：許康南、六十二歲、國台語
採錄：張玄學、葉玉瑩、蕭彩蓮、李鳳嬌、何明璋
時間：八十八年十一月十一日
地點：馬公四眼井

（五）

　　七美鄉的海邊連接著一座島嶼，上面有一塊石頭，就像一個女人有身孕，肚子很大，頭髮很長。傳說在幾百年前，她先生討海為生，在一次出海後就沒有回來。他老婆每天去海邊等他回來，有一次有人見她又到海邊等，卻一直沒有回來，後來去看，發覺那裡有一塊大石頭，形狀就像一名女人披著長髮、懷有身孕的樣子。因為沒有找到太太的屍體，所以大家傳說，這個石頭就是那個傷心的太太變的。

講述：洪陳秋紅、五十二歲、工、小學、國台語、親戚
採錄：陳有諒
時間：八十七年十二月十二日
地點：西嶼鄉小門村

三、洞穴‧溝‧谷‧井的傳說

小門鯨魚洞的傳說

（一）

　　鯨魚洞的洞口是因海蝕而自然形成的。據說在我阿公的時候，有一隻好幾萬公斤的鯨魚，在鯨魚洞的山腳下擱淺。那時村裡只有二十幾個人，沒有可以割鯨魚肉的刀子，只好向隔壁村借。也沒有車子、工具可以載這些魚肉回家，只能用扁擔，一次割一點，一次擔個幾十斤挑出去賣。到最後鯨魚的骨頭露出來，人竟然可以從中間走過去，可見鯨魚有多大。老一輩的叫這個洞「平鼻洞」，後來日本時代有很多隻的鯨魚在那裡擱淺，日本人才取名為「鯨魚洞」。

講述：許丁教、六十九歲、雜貨店老闆、小學、國台語
採錄：楊珠月、許麗玉、呂紀雪、辜惠蘭
時間：民國九十年五月二十六日
地點：西嶼鄉小門村

（二）

　　鯨魚洞在小門，傳說一百多年前，有一隻鯨魚順著漲潮

遊進洞裡，結果退潮時就擱淺游不出去。因爲鯨魚的身體很大，他用力掙扎的結果，幾百斤的石頭被撐開，形成一個更大的洞穴，最後鯨魚還是擱淺在洞裡死了。因爲鯨魚的身體很大，大到人可以走進牠的身體，所以就開始傳播，整個西嶼都傳遍了，大家都來割鯨魚肉回去，鯨魚洞的名稱就傳開了。我們家現在還祖傳了一隻鯨魚牙存證，牙齒就像鋤頭柄那樣大。

講述：洪陳秋紅、五十二歲、工、小學、國台語
採錄：陳有諒
時間：八十七年十二月十二日
地點：西嶼鄉小門村

（三）

有人懷疑鯨魚洞是否真的有鯨魚在此擱淺，答案是肯定的。小門的老村長說，當初確實是有一隻大鯨魚擱淺，但位置不是在鯨魚洞那裡，那隻鯨魚大概有一萬多斤重。當初小門只有五隻菜刀（五戶人家），光殺這隻鯨魚，就殺了一個月的時間。以前沒有冰箱可以冷藏，所以當地居民就以鹽來處理這隻大鯨魚。

講述：楊國寶、五十一歲、旅遊業、高中、國台語。

採錄：陳美慧、楊雅如、薛小琪、許雅婷
時間：八十八年六月五日
地點：馬公安一大飯店

（四）

　　據說鯨魚洞是因爲一隻十幾噸的鯨魚，不小心撞上玄武岩壁，爲了脫困一直掙扎所撞出來的。後來鯨魚死在洞中，漁民割他的肉來吃，鯨魚撞的地方，就成了現在的鯨魚洞。

講述：許明昭、七十六歲、日本教育、台語
採錄：紀鈺雯、丘君微
時間：八十八年十二月八日
地點：湖西鄉西溪村

（五）

　　話說某天夜黑風高，海水漲潮，突然有隻笨鯨魚游著游著，竟隨著海水撞上了礁石，把礁石撞出一個大洞，牠也卡在礁石間動彈不得，久了就死在礁石中。鯨魚腐爛後，礁石就留下一個大洞，大家都叫它鯨魚洞。

講述：鄭文禮、四十八歲、商、初中、國語
採錄：陳雅娟、林秋雲、廖香雅、林明慧
時間：八十六年七月
地點：馬公市新生路

鎖港鯨魚灣的傳說

　　鎖港有一個海岸線叫作「鯨魚灣」，傳說是很久以前，有一隻鯨魚撞上了這個海岸，因為鯨魚衝撞的力道太大，所以把海岸撞成往內凹的一個灣，而鯨魚便擱淺在那兒無法動彈。不久鯨魚被出海的漁夫發現，漁夫紛紛把鯨魚肉割下來拿回村中，當時的人民生活困苦，鯨魚對大家來說，是可以讓他們填飽肚子的大餐。於是大家奔相走告，所有人都到海邊割魚肉，把那隻倒楣的鯨魚分完。當鯨魚被分光時，村民才發現海岸被撞成了一個凹洞，形成了一個「灣」，因為是鯨魚撞出來的，所以便將這個海岸叫做「鯨魚灣」。但是現在鎖港里，除了老一輩的人知道外，已經沒有人知道了。

講述：某先生、七十歲、廟公、私塾、台語
採錄：周美芳、顏秋婷、歐美芳、呂佳紋、陳佳秀
時間：八十七年十一月十二日
地點：白沙鄉通梁村

外垵海盜洞

外垵西邊，漁翁燈塔附近，有一個天然形成的洞。據說以前荷蘭人攻打澎湖時，從外垵登陸，外垵村的居民爲了逃難，紛紛躲到洞裡。據進過洞裡的人表示：山洞的洞口很窄，差不多只有一個人側身才能進去的寬度，但一進到洞內，裡頭差不多有五到七尺寬，不僅很寬、很高還有岔路。如果想進洞裡去，就必須綁繩子，繩子的一端留在外頭，萬一走迷路了，才能找到原路回來。之後居民就把這個洞命名爲海盜洞或海賊洞。

講述：李文富、六十一歲、自由業、專科、國台語
採錄：許依婷、江玉琳、莊雪如、劉蒲霏、吳佳慧
時間：八十八年十一月二十一日
地點：西嶼鄉外垵村

望安通島洞的傳說

（一）

天台山附近有個石頭路彎向西邊，那裡有一個「海嘯洞」，也叫做「鬼洞」、「通島洞」。叫「通島洞」是因爲那裡可以從天台山，直接通到東邊的鴛鴦谷，所以叫「通島洞」。

叫「海嘯洞」是因為它一面是山、一面是海，一到冬天吹東北季風，海浪拍打岸邊的時候就會發出一種嘯聲，所以叫「海嘯洞」。

叫「鬼洞」是因為當時有很多日本倭寇來望安搶劫，所以居民就會躲進山洞避難。由於躲進去的人很多，所以他們就團結起來，或明或暗的和倭寇對抗。後來那些倭寇沒辦法，只好在山洞的兩頭放火燒，讓煙往山洞裡燻，燻得他們受不了。可是他們又不敢出去，怕倭寇會把他們的妻子、女兒捉去強姦，所以後來他們就通通死在裡面。直到台灣光復的時候，那個地方還是有怨氣，常常可以聽到洞裡有哭聲，所以才會叫「鬼洞」。

講述：陳朝虹、三十六歲、高中、國台語
採錄：陳漢師、蘇淑娟、郭育銘、劉純如
時間：八十七年十一月十三日
地點：望安加油站

（二）

望安天台山的山腳下，有一個通島洞，好像一條海底隧道，通往鴛鴦谷的北邊。日據時代，他們的軍事重地就在鴛鴦谷，他們利用天然的洞穴，開闢十一個通島洞，通往天台山的山腳下，想說敵人來的時候，可以直接往通島洞去躲藏。

聽說只有農曆初三、十八大退潮的時候，才可以透過通島洞，從鴛鴦谷走過去天台山。後來因為日本戰敗，所以十一個洞就沒有開闢完。

　　傳說以前曾經有一些海盜過來，村民一直追趕他們，海盜們就躲到洞裡去。村民就到天台山的山腳下去燒棉被，把海盜們燻死在裡面，聽說洞裡還有寶藏，不知道是否真的。

講述：張玉花、三十六歲、導遊、小學、台語
採錄：朱爰聰、黃宜芬、盧虹羽、陳秀燕、蔡美霞
時間：八十七年六月七日
地點：望安

七美忠義洞的傳說

（一）

　　七美西北邊有一個斷崖叫西北灣，那邊下面有一個洞，很多人都很怕那裡。因為以前有人進去裡面，看到裡邊有銅錢、銀幣、元寶等珍貴東西，要是有人拿了那些東西，就會迷路找不到出口，要把東西放下，才可以走出來，所以大人都禁止小孩去那個洞。

　　聽說以前海盜來搶劫的時候，七美人就趕快把錢、東西收一收，跑到那個洞躲起來。那個洞很深很大，可以躲好幾

百人。海盜每次遠遠的看有人，但是到島上就是找不到人，也找不到任何有價值的物品。有一次，海盜很不甘心，就一直找、一直找，最後在洞口附近，聽到狗叫聲，才依著聲音找到那個洞。但海盜不敢直接進去，可是不進去又不甘心，所以乾脆就拿一些棉被、衣服、雜草到洞口燒，把裡面的人燻死。隔了幾十年，有一批漁民找到那個洞，進去裡面的時候，看到不少金銀財寶在那裏面，可是就是拿不出來，也沒看到骨頭。

差不多民國五十幾年的時候，七美要發展觀光，除了七美人塚，沒有其他觀光景點，所以張啓明鄉長說：「我們一定要將忠義洞找出來。」因為西北灣的那些老人說，他們小時候的確知道有一個洞在那裡，可是因為那裡是不吉祥的地方沒人敢去，到現在都六、七十年了。現在那裡可能因為玄武岩崩塌，或是海邊地層下陷，被石塊蓋住，已經找不到了。

那時我還在七美鄉公所服務，張鄉長認為這個很有觀光價值，如果能夠把它找出來，可以為七美帶來另一個觀光景點。所以向縣政府申請了幾十萬，然後根據那些阿伯的印象雇工去挖掘，直到幾十萬花完了還是找不到。

忠義洞以前老一輩的叫「鬼仔洞」，是一個比較不吉祥的地方，後來可能是為了發展觀光，才改叫忠義洞。但是真的要找那個洞，確實找不到，所以忠義洞只是老一輩的傳說。

講述：呂調明、五十一歲、公務員、專科、國台語
採錄：蔡秀英、呂秀桂、陳本香

時間：八十八年十一月十二日
地點：馬公市文光路

（二）

　　忠義洞又名古仙洞，也有人叫它月鯉洞，這是一個天然的山洞，從外面很難發現洞口，所以每當海盜來侵襲七美時，大家便都到忠義洞躲避。有一次海盜來襲，村民照例躲到洞裡面，海盜搜遍整個村子，找不到半個村民。正感到奇怪時，聽到了狗叫的聲音，這是因為有一隻家犬來不及進到洞中，而在洞外大叫。海盜循聲找來，發現了山洞，但不敢貿然進攻，便收集村中所有的棉被在洞外焚燒，希望用煙把村民燻出來，但卻沒有人走出來，最後這些人便全被燻死在洞裡了。事後統計，約有五百多人在這次事件中死亡，所以後來有一段很長的時間，七美人都不養狗，就是因為這個緣故。

講述：許金雄、五十歲、漁業、識字、台語。聽老一輩說的
採錄：陳正國、賴和勝、張美雀、吳秋賢、蔡維丹
時間：八十六年十月二十五日
地點：七美

（三）

很早以前有日本倭寇到島上來搶劫財物，所以七美人便跑到西北方的一個洞避難。其中有戶人家忘了家中的狗，狗為了找主人，就在洞口大叫，沒想到因此引來倭寇的注意。心狠手辣的倭寇為了搶到珠寶，便把棉被乾柴堆在洞口點火，用煙燻他們，所以那些人便活活的被燻死在洞裡。所以後來七美人都不養狗，就為這個緣故。傳說那洞裡，還留著當時村民的金銀財寶，但是事隔多年，現在已經找不到那個山洞了。

講述：李秀嬌、四十九歲、公、高中、國語
採錄：江依芳、王佑庭、陳秀綸、張巧奇、劭靜如
時間：八十八年十二月二日
地點：七美鄉西湖村

（四）

七美以前稱為大嶼，早期那裡有很多海盜。有一次海盜來搶劫，七美人逃到一個山洞躲起來，有一隻狗跟著他們進去。因為狗會叫，引起海盜的注意，所以海盜就放火燻他們，結果全莊被滅口，只有九個逃到花嶼。現在那個洞有很多傳說，有人常在那聽到哭喊的聲音，最特別的是，那裡死者的亡魂，都是在中午十二點出現，所以當地居民在中午十二點都不出門，怕會看到一些亡魂。

講述：楊積蓄、七十三歲、大學、國語
採錄：鄭筱微、張宗純、李雅娟、曾士馨
時間：八十八年十二月十一日
地點：馬公市中華路

（五）

　　相傳七美的原住民都被倭寇殺死了。現在七美北海的村落，有一條大約一千公尺的通道，據說當初海盜上岸時，村民拿著金銀財寶往通道裡躲。通道的入口在峭壁，很隱密，可是海盜有帶狗，通道的入口被狗發現，於是海盜拿棉被潑油，用煙把村民燻死。

　　據百歲人瑞口述，他的朋友膽子很大，曾經下到洞口去看，發現通道裡頭，到處都是屍骨及金銀財寶。朋友一時起了貪念，拿起金銀財寶就往口袋塞，結果一拿完站起來，發覺眼睛變模糊，看不到洞口在那裡。他心裡很害怕，趕快把口袋的東西全部丟出來，眼睛才恢復正常，他趕快跑出來，再也不敢去了。

講述：陳國明、四十八歲、導遊、高中。幼年聽母親講述
採錄：顏慧嬋、顏鈺金、葉淑屏、馬金足
時間：八十九年十月三十日

地點：七美

【後記】

　　七美忠義洞與望安通島洞的故事極類似：眾多百姓被燻死洞裡；都有「鬼洞」的別稱；還因此不養狗。但七美的忠義洞始終找不到，而望安通島洞卻是確實存在，而七美人大多是由望安移民過去的，因此推測七美忠義洞的傳說，應該是由望安傳過去的。請參閱姜佩君：〈七美的地方傳說〉,(《澎湖民間文學學術研討會論文集》) P125～146。

黑水溝的傳說

（一）

　　鄭成功撤退到台灣時，途中經過澎湖。當時船上的水都喝完了，所以鄭成功就把他隨身的寶劍丟入海中，結果海上便形成一條帶狀、顏色較深的水域。他要士兵舀這水域的水來喝，結果本來是很鹹的海水，竟然變成甘美的淡水，因此就解決了軍隊飲水的問題。後來人們就叫這個水域為黑水溝。

講述：洪明石
採錄：林素君、葉素汝、施君樺、鄭竹秀、蕭靖潔
時間：八十六年十月二十四日

地點：湖西鄉隘門村

（二）

　　很久以前，鄭成功從大陸航行到台灣的途中，遇到缺水的問題，所以軍師就要鄭成功拿玉帶給他，他有辦法變出淡水給大家喝。於是鄭成功就將玉帶交給軍師，軍師拿了玉帶，便用絲線綁住玉帶，吊在船尾拖曳，然後吩咐士兵取玉帶水來飲用。沒想到玉帶經過的水，竟全變成甜美的淡水，鄭成功知道後非常高興，心想怎麼會有如此神奇的事呢？於是便到船尾看一看。可是一看鄭成功大發脾氣，如此珍貴的玉帶，居然只被用絲線綁著吊在船尾，這實在太危險了。於是鄭成功下令處斬軍師，並且命令士兵換大繩索將玉帶綁住，可是大繩索一綁，玉帶馬上沉入海中，永遠也取不回來了。現在澎湖這裡，海中會有淡水，相傳就是這條玉帶沉沒的地方。

講述：某女士、六十歲、小吃部老闆、識字、國台語
採錄：劉家惠、徐玉伶
時間：八十七年十二月六日
地點：西嶼鄉竹灣村

（三）

　　當初鄭成功帶軍隊去台灣，經過澎湖的時候士兵沒水喝，怎麼辦？在海中間呀！鄭成功就對上蒼祈求說：我鄭某人一生反清復明，什麼什麼的講完後，如果上天助我的話，我這條玉帶下去，請上天保佑，變淡水給我的士兵喝。結果玉帶放下去，海水真的變成淡水，後來這條玉帶沈了，就變成黑水溝。

講述：張耀欽、三十九歲、大華航空、高中、閩南語
採錄：呂正泰、葉美麗
時間：八十六年六月二十三日
地點：馬公市興仁里

（四）

　　從前有一艘帆船，駛到一半沒水喝了，就拿一條玉帶放在海中。那條玉帶是一位做官的，只要把玉帶放入海中，玉帶經過的水就會變成淡水。玉帶放入海中時，要用絲線綁才不會掉，有人不相信，以為絲線那麼細，海浪一打就斷，所以就改用大繩索綁。結果大繩索一綁，玉帶就斷掉沈入海底。玉帶沈沒的地方，淡水還一直冒出來，那裡就是人家說的黑水溝。

講述：鐘石棟、六十八歲、黃德宮主任委員

採錄：姜佩君
時間：八十七年九月十三日
地點：七美國中

（五）

　　從前有一個叫林道乾的人，他要從高雄離開台灣時，水道很小，他的船無法通過，可是後面有追兵。所以他就舉起他的寶劍朝山劈下去，轟隆一聲，山被他劈成兩半，水道瞬間變大、變深，他的船就順利開出去。傳說他的寶劍就留在水道這裡，這個被劈開的水道就叫做「黑水溝」。

講述：洪諒黨、廟祝、台語
採錄：張光耀、梁忠瑋
時間：八十七年十二月十二日
地點：馬公市烏崁里

望安鴛鴦谷、望夫崖傳說

（一）

　　望安鴛鴦谷對面，有一座無人島，本名叫馬鞍山，因為從飛機往下看，很像一個馬鞍，直到民國八十年我當村長的

時候，才把它改名叫「望夫崖」。這是因爲日據時代，有很多一、二十歲的年輕人，比較血氣方剛，常常起來反抗日本人。另外，以前有霍亂的傳染病，所以稍微有個感冒，他們就把人捉去關。「明明就是感冒，你們怎麼隨便捉！」所以就有很多人就來反抗。我們拿鋤頭反抗，他們拿槍掃射，大家幾乎被殺死了。沒死的，就捉起來，不管真霍亂、假霍亂，或是反抗的年青人，全部捉到馬鞍山關起來。日軍不給這些人吃飯、喝水，沒幾天他們就死了。

　　鴛鴦谷有個地方離馬鞍山很近，有很多結婚生子的，太太就帶著小孩來這裡看爸爸，所以後來這裡就被叫望夫崖。當時四個村莊中，水垵村被捉的最多，包括傳染病的人也很多。所以水垵村在日據時代有一個外號叫「寡婦村」，村裡大部分的男人都被捉去關了。以前又不流行改嫁，所以他們就守寡一輩子，現在那裡七十歲以上的婦人，大部分都是由年輕就守寡到現在。

講述：陳朝虹、三十六歲、加油工、高中、國台語
採錄：黃國峘、陳惠菁、李淑婷
時間：八十七年六月三日
地點：望安加油站

（二）

　　日據時代，日本人統治我們很嚴，那時又流行霍亂，很多男人都得了這種病。日本人很怕病會傳染給他們，於是就把生病的病人，全部抓到馬鞍山旁邊的無人島，讓他自生自滅。如果他們的妻子想見他們的丈夫，只好到鴛鴦谷的山頭，對著無人島眺望。因為看過去很近，可以知道他的丈夫是否健在，所以後來這裡就被叫望夫崖。

　　早期的望安人，都是靠捕魚為生，他們常在海上遇到風雨就一去不回。因此，男人出去捕魚是一件非常危險的事，妻子因為擔心丈夫，常在睡夢中驚醒，醒來後就起來對海邊眺望，台語叫「望尪」，國語就叫做「望安」，這就是望安名稱的由來。

講述：張玉花、三十六歲、導遊、小學、台語
採錄：朱爰聰、黃宜芬、盧虹羽、陳秀燕、蔡美霞
時間：八十七年六月七日
地點：望安

四眼井的傳說

（一）

　　傳說某天，天后宮的媽祖坐神轎出巡，走到現在四眼井的地方，抬轎人一不小心，把神轎掉在地上。神轎的四根木

腳撞到地上，在地上撞出四個洞，緊接著，源源不斷的泉水從洞中湧出來，形成現在的「四眼井」。

講述：吳宇軒、廿歲、商、高中、國語
採錄：郭存信、王金聖、方吉松
時間：八十六年五月二十四日
地點：馬公市中央街

（二）

　　明末清初的時候，鄭成功率領軍隊由大陸徹退來台。經過長途拔涉，好不容易來到澎湖的外海，卻遇到荷蘭人的抵抗，加上飲水、糧食的缺乏，使得軍隊陷入進退兩難的困境。在無計可施的情況下，鄭成功只好設立香案，祈求上天幫忙。當他上完香沒多久，海水突然大漲，軍隊士氣因此大振，一下子就攻上岸，打敗荷蘭人。

　　但登陸後，許多士兵卻因為缺乏飲水而紛紛不支倒地，偏偏澎湖本身又是個極為缺水的地方，無奈之餘，鄭成功只好再次設立香案，祈求上天幫忙。此時，鄭成功的佩劍忽然化為成一條龍，鑽入香案的所在地，來回數次。不久，地上即冒出數股甘甜的泉水，解決了軍隊的飲水問題。事後，鄭成功下令在此處開鑿水井，就成為現在的四眼井。

講述：許蓮葉、四十二歲、家管、台語
採錄：許靜文、吳蘋禎、黃金水
時間：八十六年十一月二十八日
地點：湖西鄉湖東村

（三）

　　四眼井開鑿的年代不詳，它原本是一個很大的井。據說從前的百姓，是用萬軍井的水來喝及洗衣服，後來覺得一口井，又喝水又洗衣服太髒，就去問神明，另鑿了一個井來洗衣服。因爲井很大，怕小孩子掉下去，所以就將井口弄成四個小洞，叫做四眼井。

講述：林吳蓮芝、六十七歲、名產店老板娘、日本教育
採錄：蔡淑敏、許文綺
時間：民國九十年五月十四日
地點：馬公天后宮

（四）

　　天后宮從明朝至今已經四百多年了，人民通常是有水才能生活，然後才有信仰，最後才會建廟。所以推測，四眼井

的歷史應該比天后宮還要久。

　　關於這個井有一個傳說，說早期來澎湖的人找不到水可以喝，就去請媽祖指示。他們抬著媽祖的神轎，一路去找有水的地方，找到現在四眼井這裡，神轎開始發飆，然後神轎的四個腳落下來，打在地上，就是現在四井眼的四個眼。老百姓按照指示挖下去，馬上就有水，而且水源充沛，一直到現在，所以百姓都感激媽祖的功德無量。

講述：許智豪、五十九歲、金融業、高中、台語
採錄：呂淑貞、蔡姿曉、許明姍
時間：八十七年十二月八日
地點：馬公中央街

（五）

　　傳說有一年澎湖缺水，有人抬著媽祖的神轎找水，神轎抬到一半，忽然停下來不動，然後就重重落在地上，在地上打了四個洞，然後水就源源不斷的從四個洞冒出來。後來百姓就從這裡挖下去，挖了一口大井，井口故意留四個洞，用來紀念媽祖娘娘的神蹟，就是現在的四眼井。

　　其實四眼井是一口大井，它是用大陸玄武岩做的，井深兩層樓。用四個口是讓人方便提水不會爭搶，小孩子、髒東西不容易掉下去，水也不容易被蒸發，而且比較不會長青苔。

講述：劉大、台語
採錄：王祥霖、張詩紋
時間：八十七年十二月十三日
地點：湖西鄉龍門村

萬軍井的傳說

（一）

　　清朝初年，施琅攻打臺灣。施琅以前是鄭芝龍的手下，曾跟隨鄭芝龍到臺灣，所以對澎湖很熟悉，一下子就攻下了澎湖。但軍隊登陸後，官兵卻都得了瘟疫，施琅沒辦法，就前往天后宮祈求媽祖庇佑。施琅說：「若是媽祖能保佑手下的官兵痊癒，我一定要皇帝送一個匾給天后宮。」於是施琅受到媽祖的指示，拔出身上的佩劍，往天后宮旁的地上一插，結果就噴出了一道泉水，官兵飲用之後，個個不藥而癒。於是百姓就把它造成一個井，稱為萬軍井。

　　後來施琅履行他的諾言，向朝廷述說經過，於是皇帝就頒一個九龍匾給澎湖天后宮。但這塊匾在中法戰爭的時候，被法國人帶走了：當時澎湖的古蹟、文物，絕大部份都被法國人奪去。台南鹿耳門天后宮，當時也有滿清頒發的一塊匾，那塊匾是十一龍匾。後來澎湖人就到鹿耳門天后宮仿造了一

塊十三龍匾。所以現在澎湖天后宮懸掛的「與天同功」匾是十三龍匾而不是九龍匾。

講述：吳宇軒、廿歲、商、高中、國語
採錄：方吉松、郭信存、王金聖
時間：八十六年五月二十四日
地點：馬公市中央街

（二）

　　清朝的時候，有個將軍叫做施琅，他帶領一萬多個阿兵哥登陸馬公，要把明朝的殘軍趕走。一萬多個人每天要喝水，澎湖是離島，哪來這麼多水給他們喝？他想這下糟了，情急之下就去求媽祖指點，那時候媽祖廟還是一個小小的破廟。說也奇怪，當天晚上媽祖就託夢給施琅，說媽祖廟左前方幾公尺的地方有水，你把劍往地一插，水就會冒出來了。

　　隔天施琅趕快跑去把劍一插，哇！果真冒出好多水來，可以供給一萬多個阿兵哥飲用，所以他就把這個井就叫「萬軍井」。事後施琅將事情報告康熙皇帝，康熙皇帝非常高興，認為媽祖有功朝廷，所以就把媽祖廟改名為「天后宮」。又送了一塊匾額，上面刻著九條龍及「與天同功」四個字。後來聽說真的匾額被法軍偷走，現在掛的是仿造的。

講述：許智豪、五十九歲、金融葉、高中、台語
採錄：呂淑貞、蔡姿曉、許明姍
時間：八十七年十二月八日
地點：馬公中央街

（三）

　　過去老一輩的人常在萬軍井那兒曬豆芽菜，那口井不論是否乾旱一定有水。有人傳說是鄭成功剛到澎湖時，上岸找不到水喝，就將劍往地上一插，咦！水就噴出來了。這水怎麼喝也喝不完，足夠一萬個軍人飲用，所以就叫萬軍井。

講述：陳振益、五十四歲、公務員、高中、國台語
採錄：黃詩涵、林婉琪、董裕芬、蔡雅惠、林慧雯
時間：八十七年十一月八日
地點：馬公市

（四）

　　傳說清朝末年時，某皇帝派兵攻打澎湖鄰近的島嶼，當軍隊來馬公紮營時，才發現澎湖此處的水，都是鹹到難以入口的鹽水，軍隊的人那麼多，沒水喝怎麼辦？領兵的將軍無

法可想，只好對媽祖娘娘祈求，當將軍祈禱完，就把劍往地上一刺，地上就湧出大量的泉水。這個井雖然淺，但卻源源不斷的湧出淡水，可供全部軍隊飲用還有餘，將軍高興的不得了，就叫它萬軍井。

講述：陳隆宗、六十歲、藝品店老闆、初中、國台語混用
採錄：李曉玲、邱宛嬋、陳慧頻、徐書翎、蔡蕙玲
時間：民國九十年六月九日
地點：馬公中正路寶裕行

將軍蔣公井的由來

（一）

從前的將軍沒有自來水，交通又不方便，蔣中正他就來了解民間疾苦，讓地方有自來水喝。那時候的將軍還沒有碼頭，為了迎接這位大人物，就將小渡船翻過來，讓背面較平的船板連在一起，形成一條步道，好讓蔣中正走上岸。由於蔣中正精通地理，看到將軍百姓為了缺水而苦，就在登陸後，用隨身攜帶的拐杖用力往地上一插，再命令部下在這裡挖井，結果這裡真的就噴出一道水來，水質又甜又清，解決了百姓缺水之苦。不過將中正逝世後，這口井也跟著乾掉，再也不出水了，所以這口井在七、八年前，就被填平為道路了。

講述：陳鳥盡女士、七十歲、不識字、祖孫
採錄：陳雪華
時間：八十七年十一月十二日
地點：望安鄉將軍村

（二）

　　大概是民國四、五十年的時候，蔣中正來我們這裡。當時將軍沒有自來水，他四處巡視，到中午的時候，有人端一碗蕃薯湯給他喝，他一喝便問：「蕃薯湯怎麼是鹹的？」在地人才告訴他，將軍這個地方沒有自來水，百姓都喝井水，可是井水挖出來都是鹹的。於是他就四處走一走看一看，然後用手杖往地上一插，要百姓在這個地方挖井。他回去後，我們馬上在那個地方打井，果然挖出了淡水，從此將軍才有淡水可以喝。這個井我們喝了很久，一直到老蔣死了，井水也就乾了，後來我們在附近又打了好幾支井，但就是沒有水。

講述：陳朝虹、三十六歲、加油工、高中、國台語
採錄：黃國峘、陳惠菁、李淑婷
時間：八十七年六月三日
地點：望安加油站

四、碑‧塔‧塚的傳說及其他

風櫃「松島艦慰靈碑」的傳說

（一）

　　風櫃和馬公中間有一條海溝，以前要到馬公的漁船和軍艦，都會停泊在這海溝休息。相傳在日本大正年間，一群日本海軍士校學生乘松島艦到馬公，靠岸後就到城隍廟遊玩。可是這些學生卻對城隍爺不敬，等這些學生回到船艦時，城隍爺便化成一隻鳥停在船桅上。日本兵看見鳥，便對牠開了一槍，沒想到子彈打過去又彈回來，正中船上彈藥庫，於是「轟！」一聲，整個船艦爆炸，船沉人亡。[十]

　　當時是冬天吹東北季風，事件後的一個禮拜，屍體陸續浮上海面，漂流到風櫃北山，後來就把屍體全部葬在一起，日本人便在北山上立「日本松島艦慰靈碑」紀念。後來美軍空襲時，日本軍艦幾乎都被炸毀，日本兵傷亡慘重，於是又把空襲時亡故的日本士兵，合葬於慰靈碑附近。

講述：顏萬年、七十四歲、台語、日本教育
採錄：林美月、洪玉真、顏玉玲

[十] 一九〇八年日本松島艦搭載海軍兵學校學生，實施畢業訓練遠航，回航時靠泊澎湖馬公。不料四月三十日凌晨，彈藥庫藥火自燃而爆炸下沉，三百五十名船員近半數喪生。

時間：民國九十年六月十七日
地點：馬公市風櫃里

（二）

　　很久以前，日本人到澎湖時，軍艦就泊在風櫃後山這個地方，阿兵哥們就上岸遊玩。後來玩到了馬公城隍廟，因為日本人的信仰與我們不同，所以見到廟內的神像，就抓祂們的鬍鬚玩觸怒了神明。後來這些阿兵哥回到船上，無意中發現一隻小鳥停留在桅桿上，士兵們就拿槍打小鳥，不料卻打中船上的彈藥庫引發爆炸，船上所有的士兵全部因此喪命。據說那隻小鳥是神明幻化來處罰士兵的，所以這個碑就是為了紀念喪生的士兵建造的。

講述：顏福木、七十二歲、小學、台語
採錄：陳家源、許秀芬、陳惠娟、丁郁蓉、陳信孝
時間：八十七年
地點：馬公市風櫃里

姑婆嶼紀念碑的傳說

　　傳說清朝道光年間，一艘到中國賣鴉片的英國商船，在返國途中遭到十七級強風襲擊，船隻機械故障，被風吹到姑

婆嶼後翻船。船上五十餘人，除兩人倖免於難外，其餘全部
罹難無人生還。經通知罹難家屬抵澎善後，將五十餘具屍體
葬於姑婆島上，並取來自英國的珍貴石材，建立了一座「英
輪船難紀念碑」[十一]。

講述：陳松男、五十八歲、農、小學、台語
採錄：江依芳、王佑庭、陳秀綸、張巧奇、劭靜如
時間：八十八年十二月二十五日
地點：湖西鄉西溪村

大倉島石碑的傳說

　　大倉島自好幾十年以來，人口就是無法超過一百人，假
若今天有新生兒誕生，明天就會有一位老人過世，因此大倉
人口始終維持在九十九個。後來，村中的長老去請問金千歲：
「爲什麼村子的人口始終無法超過一百人？」金千歲說：「這
與你們村子的地理位置有關。」

　　因爲當時大倉有條海底步道，一直延伸至馬公的重光
里，漲潮時幾乎高過水面。所以金千歲說：「如果要人口增加，

十一　一八九二年十月十日，一艘搭載從上海參加板球比賽，返回香
　　　港的輪船 Bokhara 號，不幸遭遇颱風，而在姑婆嶼附近觸礁沉
　　　沒，一四八人中只有二十三人生還。在此颱風之際，亦有另一
　　　艘瑞典裝煤船 Norman（諾曼號）失事沉沒，只有兩人生還。之
　　　後，英國捐款興建燈塔，並由香港居民在姑婆嶼立碑紀念。

這條步道一定得拆掉。」居民聽了都不知所措，因爲這條步道又長又高，要從何拆起？這時金千歲又說：「這很簡單，只要你們在島上的東邊建一座石碑就可以了。」居民聽了就照著去做。當石碑做好那一天的夜裡，整條步道突然完全被剷平，從那時開始，大倉的人口就開始超過一百人了。

講述：李仁猛、五十一歲、室內裝璜、小學、國台語
採錄：劉淑玉、李美月、薛孟君、歐秋燕、翁雪琦
時間：八十七年十一月二十一日
地點：湖西鄉成功村

鎖港南北塔的由來

　　鎖港有兩座塔叫南塔北塔，類似大陸泉州的東塔西塔。因爲鎖港的沙都吹到山水的海灣，所以以前人說：「鎖港了山、山水了灣。」鎖港的人爲了求平安，就造了這二座塔。[十二]

　　因爲石塔算是石敢當的一種，而石敢當可以避邪求平安。南北塔原來只有七層，後來才擴建成九層，南北塔當初是這裡最高的建築物，也是此地的地標。

十二　南北塔所在地原有一沙丘，因強勁的東北季風而逐漸消失，所以當地人在沙丘原址建築石塔，以彌補沙丘的消失及對風水所造成的破壞。請參閱本書頁一五二「鎖港的傳說」。

講述：張清巡、六十二歲、廟祝、高中、國台語
採錄：張大健、駱俊宇、顏訓奇、楊美娟
時間：八十七年十二月十二日
地點：馬公市蒔裡里

講述：張清巡、六十二歲、廟祝、高中、國台語
採錄：張大健、駱俊宇、顏訓奇、楊美娟
時間：八十七年十二月十二日
地點：馬公市蒔裡里

安宅鎮龜塔的傳說

安宅西南海邊交界處大約五十公尺的地方，有一塊大石頭，這個石頭很大，很像一隻水龜。水龜是海裡的守護神，但這隻水龜不能動，一動安宅就會死人。所以安宅人，就在上面用石頭堆成一座石塔來壓住水龜，不讓牠跑走。但是假如有颱風，或是東北風一直吹，石塔就會風化倒塌，安宅就會有人過世，人們就必須趕快修塔，否則就會連續死好幾個人。

以前的人比較沒錢，只能用石頭往上堆來修補。這幾年經濟比較富裕，安宅人就用水泥把石頭包住封死，不讓石頭風化，石頭就不會掉落或倒塌，所以最近十幾年，安宅就比較不會死人。若有人過世，他們就會趕快到石塔去看，是否有石頭掉下來。不過最近人們已經不再到石塔巡視了，因為已經用水泥把它封得死死的了。

講述：蔡順成、五十六歲、公務員、高職、台語、同事
採錄：譚長秀

時間：八十九年十二月十五日
地點：馬公市光華里

外垵三仙塔的傳說

　　有去過外垵的人都知道，外垵是一個向外彎的村莊，且西邊的山比東邊的山還長。有人說，西邊的山代表女人，東邊的山代表男人，因為西邊的山比較長，所以外垵的女人通常比男人長壽。因為如此，村民就在東邊山的最尾端，建了福祿壽三仙塔，祈求增長男人壽命。女人的壽命已經很長，不必再求長壽，所以西三仙塔就立在尾端裡面一點。三仙塔至今近三百多年，一直保護我們外垵人平安，還有鎮煞驅邪的功能，類似內垵的塔公塔婆。

講述：李文富、六十一歲、自由業、專科、國台語
採錄：許依婷、江玉琳、莊雪如、劉蒲霏、吳佳慧
時間：八十八年十一月二十一日
地點：西嶼鄉外垵村

七美鷹塔的傳說

　　很久很久以前，在七美西湖村住著一戶人家，家裡只有三個人，哥哥常年出海捕魚，在家的時間非常少，所以平日

只有他的妻子及妹妹兩人一起生活。嫂嫂是位溫柔賢淑的女子，而妹妹卻是個壞心腸的人，她對嫂嫂非常苛刻，每天給嫂嫂三斗米卻要她磨出六斗粉，這當然是不可能的事。但是嫂嫂因爲深愛著丈夫，不願兄妹因她失和，所以只好暗地裡將嫁妝拿去變賣換米，以補充六斗粉的不足。

日子一天天的過去，嫂嫂的嫁妝終於全部變賣完了，嫂嫂再也沒辦法去買米來補充這六斗粉的不足。這天，她把三斗粉交給小姑，小姑一見只有三斗便罵道：「從前妳三斗米能磨出六斗粉，爲什麼現在只有這一點？一定是妳偷偷的拿去賣給別人！」說完，就拿起石磨朝她頭上擲去，可憐的嫂嫂不幸被石磨擊中，當場倒地死亡。

死後的嫂嫂變成一隻美麗的鷹鳥，由於生前受盡小姑的虐待，所以她一天到晚叫著：「惡姑！惡姑！」變成鳥的嫂嫂仍然很愛她的丈夫，所以每日都會飛到七美西北方海邊的一塊石頭上，看她的丈夫出海捕魚。而小姑將嫂嫂害死之後，心中十分愧疚，整個人的態度也完全變了，每天拿著東西到海邊餵食這隻鷹鳥。後來鷹鳥飛走後沒有再回來，人們便在鷹鳥休息的地方建了一座塔，上面塑了一隻鷹鳥，來紀念這位少婦。

講述：呂啓戀、二十一歲、學生、專上。七美耆老所述
採錄：黃瑄仁
時間：八十六年五月十八日晚
地點：馬公市六合路

故事類型：720*受虐小孩變成鳥

馬公千人塚的傳說

　　馬公國中體育館那邊本來是個千人塚。日據時代，日本人第一次來澎湖，因為不曉得澎湖的氣候特性，所以一登陸，沒幾個月，百分之九十以上的士兵都死了。死的人那麼多，怎麼處理？就乾脆挖一個很大很大的洞，把死去的士兵全部埋在那裡，所以叫千人塚。以前只要晚上經過千人塚，就會看到那些死去的日本兵在操練：排長騎在馬上喊口令，士兵就跟著口令喊：「殺！殺！殺！」這是真的，很多人都有聽到或看到。十三

講述：楊積蓄、七十二歲、教師、大學、國語
採錄：吳欣芝、鍾慧君、朱惠鈺、潘秀偵
時間：八十六年十月二十五日
地點：馬公市中華路

十三　光緒二十一年乙未之役，日軍戰死病歿者九七二人，合葬為七
　　　個墓，墓碑上刻「混成枝隊陸軍軍人軍屬合葬之墓」，俗稱「千
　　　人塚」。

望安萬人塚的傳說

相傳望安島上的萬人塚很靈驗，後來有一男子喝醉酒，跑到上面去小便，從此萬人塚就不大靈驗了。傳說以前有人賣魚維生，載了一車的魚到處兜售，經過萬人塚，結果賣出的魚煮熟後，眼睛居然都不見了。甚至廟會時，王爺出巡也不敢經過萬人塚，這種情形一直到後來出現了兩位能人，改變了萬人塚的風水之後，才不再發生怪事。

講述：鄭永得、五十六歲、公務員
採錄：歐美芳、陳佳秀、顏秋婷、呂佳紋、周美芳
時間：八十八年六月十三日
地點：馬公市文光路

馬公五里亭的傳說

以前的三官廟人們都叫它「五里亭」，因為從馬公官衙走到這裡大概五里，所以叫五里亭。[十四]以前大家都很窮困，有一雙鞋子是很了不得的事，所以平常都捨不得穿，但如果要到馬公辦事，就會穿體面一點。所以當他們走到五里亭時，就會停下來休息一下，然後穿上寶貝鞋子到馬公辦事，等事

十四 乾隆四年澎湖通判胡格，鑒於廳署位於文澳，但渡口卻遠在五里外的媽宮，於是在半途建亭，供往來旅客休憩。亭內祀有三官大帝，命名為「嘉蔭亭」，通稱「五里亭」。

情辦完回來，走到五里亭，再把鞋子脫下來。現代大家都生活得很好，從前生活辛苦的事都不知道了。

講述：洪林繡麗、五十二歲、主婦、國中、長輩口傳
採錄：林彥良
時間：八十七年六月十四日
地點：湖西鄉隘門村

風櫃雜說

　　大約在二次大戰時，有一艘日本軍艦被美軍擊中，屍體飄散整個海面，被東北風吹到四角嶼及風櫃附近。居民將飄進來的屍骨葬在一起，後來就在這裡建松島紀念碑。現在澎管處已經將這裡美化，做成一艘船的形狀，聽說以前這些死掉的日本兵，晚上會出來出操。

　　松島紀念碑旁，有一個孤拔將軍的紀念碑[十五]，老一輩的說是荷蘭人建造的，但澎管處請專家鑑定碑上的文字，證明是法文，是法國人為紀念死去的孤拔將軍建立的。

　　四角嶼一帶曾有日本兵住過，設有地道及一些坑洞，四周環境很漂亮，但附近居民不太喜歡去那裡。原因是以前醫

十五　法軍在一八八四年佔領澎湖，佔領後接連發生傳染病，包括孤拔將軍在內，數以百計的法軍客死澎湖，蛇頭山法軍萬人塚紀念碑，就是為了紀念當時病死的法軍士兵而立。

藥不發達的時代，常把一些無藥可醫的人，丟在那裡讓他們自生自滅。這裡有一個傳說：從前有人偷偷把一個麻瘋病人放在那裡，只留一桶餅乾給他，沒多久那人就死了。後來就流傳：要是晚上去夜釣、撿螺……，遇到一個老阿婆要請你吃餅乾，千萬不要吃。

蛇頭山是軍事重地，從以前到現在都有駐兵，有許多通道及坑洞。在半山腰有一片不會長草的平地，以前有人種田，在那撿到二個畚箕的龍銀，他不敢一次帶回家，就把一畚箕的龍銀藏起來，另一畚箕的龍銀，用牛糞蓋住擔回家。隔天再回去找剩下的龍銀，就不見了。據說龍銀會跑，可能另一畚箕龍銀，不是他該得的。現在他的子孫在風櫃都過得不錯，就是因為那一畚箕龍銀的緣故，那人臨死前，有要子孫再去找另一畚箕的龍銀。

蛇頭山半山腰那，有一些據說是明朝的建築，大多已坍塌，那裡有很多瓦片瓷器，有專家研究說，那裡是明清時代的賊窩，可能還有其它寶物。不過現在那裡長滿許多雜草樹木，地方上的人也不太希望有人去動它，以免破壞風水。

風櫃這個地方，大約有二百年的歷史，最早來風櫃的姓氏是董、洪，然後才有顏、陳、高三大姓，現在還有蔡……等，不超過十個姓氏。人口大約一千七、八百人，都是以討海為生，雖然風櫃的風浪很大，但少有海難發生，社運很好，居民對神明都很尊敬。

講述：顏先生、里長、國台語

採錄：黃繡雯、孫詩婷、歐佳莉、葉翠芸
時間：八十七年五月十八日
地點：風櫃活動中心

湖西、赤崁姑表關係的由來

澎湖北海的一些無人島，如：鐵鉆、姑婆、屈爪、金嶼，都是赤崁人的，這些無人島都產紫菜。據說很久以前，有一個赤崁人到屈爪收紫菜，遇到大風浪，船被吹到湖西，被湖西人搭救，受到妥善的照顧。但因為當時的交通不發達，隔了很久的時間，這個赤崁人才聯絡上家人。赤崁人為了感恩，於是便將屈爪送給湖西，兩村結為姑表之親。到現在，每當赤崁廟會熱鬧時，都會邀請湖西的廟宇一同前來共襄盛舉。

講述：鄭永得、五十六歲、公務員
採錄：歐美芳、陳佳秀、顏秋婷、呂佳紋、周美芳
時間：八十八年六月十三日
地點：馬公市文光路

湖西紫菜採收權的由來

（一）

以前，澎湖的無人島，全部是屬於赤崁一位富翁的。據說這位富翁，原本是只是要申請「北礁」這個無人島而已，可是負責辦理的官員聽錯了，把「北礁」寫成「各礁」，所以這些無人島，就全部歸這個富翁所有。

後來一個湖西的男子，娶了這個富翁的女兒。因為這些無人島都盛產紫菜，富翁每年都會採收一些，送給湖西的親家。可是當時白沙與湖西還沒有橋，要到湖西，必須等退潮才能走過去。富翁覺得很麻煩，於是決定將查埔嶼與查某嶼送給他們，讓他們自己去採，自己就不用那麼麻煩，每次都送紫菜過去了。

講述：趙東舜、四十四歲、水泥工、小學、國台語
採錄：楊彥如、張真禎
時間：八十七年十一月十二日
地點：湖西鄉南寮村

（二）

從前澎湖很多小島都沒人住，這些小島都盛產紫菜。有位姓高的赤崁人，向政府申請一個長滿紫菜的「北礁」是赤崁人的，結果辦事人員不知道狀況，就把「北礁」寫成「各礁」，造成每個礁都是赤崁人的烏龍事件。

這個姓高的有一位親戚嫁到湖西。以前交通不方便，每

次採紫菜都要靠划船過去，要是遇到強風划不回來，就到湖西表親家借住，等風小了再回家。因為每年採紫菜都會遇到回不了家的事，覺得很麻煩，最後就將此礁送給湖西村。其他村子知道了，也想分杯羹，就時常發生爭執，告來告去的。於是湖西就邀南寮、北寮、白坑、湖東這四個村子，一起抵抗其他村子，最後湖西這方勝了，從此紫菜採收權就歸這五個村莊所有。

講述：辛西楚、七十七歲
採錄：鄭靜宜、李淑婷、顏蕙瑜
時間：八十六年十一月九日
地點：湖西鄉天后宮

（三）

　　明末清初澎湖還沒有劃分行政區域時，當時赤崁有個張百萬很有錢，他的子孫也做官，很有勢力。所以當要劃分行政區域的時候，就偏袒赤崁：在白沙頂點最高的地方瞭望四周，目視所及的無人島全歸赤崁村所有，連遠在湖西的雞善嶼、錠鈎嶼也歸赤崁村所有。這二個無人島都盛產紫菜。

　　有一年赤崁人到雞善錠鈎採紫菜，遇到大風浪回不去，結果湖西村有五艘船來救他們。回去之後給他們喝熱湯，在自己家裡睡覺，隔天再送他們回赤崁，很熱情照顧他們，所

以赤崁人很感謝湖西人的善行。

　　後來赤崁有一名女孩要嫁到湖西，因為雞善跟錠鈎離湖西比較近，加上湖西對他們有恩，所以就決定把雞善嶼、錠鈎嶼送給湖西當嫁妝，地也劃給湖西，所以湖西就有了雞善跟錠鈎的紫菜採收權。

講述：楊錦隆、五十歲、服務業、高中。父女
採錄：楊雅如、陳美慧、薛小琪、許雅婷
時間：八十八年六月五日
地點：馬公市光榮里

【後記】
　　上面幾則故事講的都是同一件事，就是湖西村紫菜採收權的由來。據文化局《湖西鄉社區資源集錦》記載：傳說早年赤崁村民遠赴雞善嶼、錠鈎嶼採紫菜，因遇強風，人船漂到湖西。飢寒交迫之餘，受嫁到湖西的赤崁女兒及當地人熱情照顧，回村後為表達感激之意，便將雞善、錠鈎二島送給湖西村。但湖西村是澎湖少數不靠海、以務農為主的村莊，船隻不多。每到紫菜採收季節，便要向鄰村借調船隻，利益所趨造成不少糾紛，後來湖西只好將雞善錠鈎的紫菜採收權與其他村莊分享。請參閱該書頁八十三。

東石、成功友好的傳說

　　成功村和東石村的感情很好，這兩個村子的廟、神明還有百姓，常常互相有往來。比如成功村有活動，東石村的村民就會前來幫忙；如果東石村有活動，就會去請成功村的神明來熱鬧，百姓也會一起去，就像兄弟村一樣。據老一輩的人說，這兩村的人，早期是很少來往的，爲什麼現在兩村的感情會這麼好？

　　這兩村的地理位置，東石村在較高的坡上，成功村則在坡底，所以成功以前的舊名叫「港底」。有一個姓黃的東石村村民，在一塊位置較高的空地，蓋了一間宗祠。東石村的位置本來就比較高，所以宗祠蓋好後，就壓住了港底村，所以港底村開始雞不啼，狗不吠，整個村子一直不平靜。

　　港底人覺得這樣不行，就去大陸請厲害的法師，法師看了地理後告訴他們，這是因爲村子被東石村宗祠壓住的關係。村民詢問是否有破解的方法，法師說要從港底村的坡底，埋入種田用的犁頭，犁頭尖要向著東石村宗祠的大門，像是要破門而入的樣子，等犁頭進到東石村裡，就會換成東石村的人「雞不啼，狗不吠」。

　　在法師要做法時，東石村的主神池府王爺知道了，就降乩給乩童，告訴東石村的村民，趕快將宗祠拆除，才不會讓做過法的犁頭進入東石村，造成村內不平靜。又趕快與港底村的神明商量，阻止做法將犁頭取出，以免破壞兩村人民的感情。以前的人都很信神，兩邊村民聽了之後，東石村就拆

掉宗祠，港底村也將犁頭取出，兩村之後就平靜了。之後兩村的村民開始有往來，連神明也互相有接觸，這就是這兩村的故事。

講述：顏開發、六十歲、初中、台語、父女。聽岳父講述
採錄：顏慧嬋、顏鈺金、葉淑屏、馬金足、朱淑勤、陳亞慧
時間：八十九年十二月十五日
地點：馬公市西文里

通梁大榕樹的由來

（一）

　　通梁大榕樹的傳說很多，有人說是由海漂流過來的，但最正確的是：一位姓林的通梁子弟到外地工作，在他要回澎湖的時候，朋友送他一棵榕樹。他回來後將樹種在家中，後來樹長大後，就移植到保安宮廟旁，最後形成今日的通梁大榕樹。[十六]

講述：鄭順青、七十七歲、廟祝、小學

十六　通梁村保安宮前，有一棵超過三百年的老榕樹，老榕樹共計有九十七條氣根，正巧符合澎湖現有九十七個村里；樹蔭覆蓋面積六六〇坪，爲澎湖知名觀光景點。

採錄：周嘉鈴、楊雅淳、張巧欣
時間：九十年五月二十六日
地點：白沙鄉通梁村

（二）

　　據說這棵樹是從海上漂流到通梁的沙灘，被一位姓林的討海人撿回家種植，後來因為榕樹生長快速，家裡沒有足夠地方讓它長，就將樹移植到廟口。這棵樹後來長得很茂盛，生了許多氣根，以前的人就將氣根放在大籃子裡頭，現在則是用模板及水泥來支撐。這棵樹至今已四百多年，有人說樹的根都已經長到對面漁翁島了，但這應該只是隨便說說，因為沒有人見過。

講述：洪增乾、八十三歲、日本教育
採錄：楊珠月、許麗玉、呂紀雪、辜惠蘭
時間：九十年五月二十六日
地點：白沙鄉通梁村

（三）

　　聽說三百年前，有人用船載了一些盆栽要來澎湖賣，結

果發生了船難，榕樹就掉到海中，漂到保安宮前面。有人把它撿起來，種在保安宮前面，然後榕樹就愈長愈大，長成一大片。整年都綠油油的，冬天也不會乾枯，而且不會長得比廟高，當地人都覺得這是神明的保佑。

講述：林丙寅、八十歲、日本教育。當地老人說的
採錄：徐瑞霞、陳盈君、潘香君
時間：九十年五月二十六日
地點：白沙水族館

港子雙榕園傳說

（一）

位於港子保定廟前，有兩棵榕樹，佔地最少五十坪，相傳有三百多年歷史。這二棵榕樹一公一母，在保定宮右方是公的，左方是母的，民間叫他們尪某樹，也有人說是情人樹。這二棵榕樹很靈驗，聽說夫妻感情不和睦，去那兒拜拜就好了，所以叫尪某樹。也有人說若是男女交往不順利，相偕去拜拜，就可以順利交往，所以叫做情人樹。

講述：許朝來、五十歲、公務員、高中、國台語
採錄：蔡秀英、陳智超、陳淑蕊

時間：八十八年十一月十三日
地點：馬公市中華路

（二）

　　保安宮前有兩棵大榕樹，一棵公的一棵母的，據說有一百多年的歷史。聽說以前這個地方很久都沒有下過一滴雨，於是就有人到通梁大榕樹那裡，去截枝回來栽種。說也奇怪，從那之後就開始下雨了。過了三十幾年，又到另一個地方，截枝回來栽種，變成今日的兩棵大榕樹。在廟前的左邊是公的，這棵樹又黑又粗，夏天果實結得少；右邊是母的，長得比較細，在夏天時結果實較多。

講述：林名、五十八歲、漁業、不識字、台語。
採錄：陳美慧、楊雅如、薛小琪、許雅婷
時間：八十八年六月五日
地點：港子保定宮

內垵白馬崎與萬善宮的傳說

（一）

　　西嶼內垵的西南邊有一個丘陵叫「白馬頭」，丘陵的中間有一間廟叫「濟安宮」，一般都叫「萬善宮」。大概在清朝時，

有一艘船在內垵海面遇到颱風，整個船都被浪打翻，船上載了一匹白馬，船翻了之後，人啦、馬啦就都掉入海中。那這隻馬就往岸上游，上岸後沒看見主人，又調頭游去翻船的地方，隔了一段時間，這隻馬又游回來，還咬了一隻手，人家講可能是牠主人的手。這匹馬因為跟海浪博鬥兩次，所以上岸後就精疲力盡的倒在沙灘上死了。人家看到這隻馬很忠心，就把牠的屍骨，還有那些船難者的屍骨，一起安葬在那裡，還在東南方蓋一個廟。

　　說也奇怪，自從白馬葬在這裡之後，馬倒下的那個沙灘，就像是一頭馬的樣子，所以後來就把那裡叫做「白馬頭」。更奇怪的是，這個廟落成以後，每天晚上，就有一盞紅燈從西南方，循著內垵往外垵的路，這樣飄飄飄，飄到西北方去。人家就講說，因為村裡的人把他們安葬，這個馬跟萬善宮，感恩地方人士，所以就顯靈，在地方上巡邏，保衛我們內垵平安。

講述：陳宏利、五十歲、教師、國語。小時候聽人說的
採錄：吳玉仙、謝梅雀、翁欣眉、洪敏珊、莊雅惠、歐采鑫
時間：八十七年十一月八日
地點：馬公市

（二）

　　傳說清朝時，有一位富商帶著一匹白馬坐船準備要返鄉，不料在返鄉途中遇上颱風，船隻被風浪打翻，富翁和白馬都落入海中。後來白馬隨著浪游至內垵的沙灘，上岸後沒發現主人又下海去尋，結果就沒再上來了。從此之後，每當夜晚，時常有人在海灘附近，看見一隻白馬在奔跑啼叫著。不久，沙灘上方的山坡上，出現一片顏色較淺的土，形狀就像一匹馬，人們都說那是白馬的化身，從此漁民出海就很少發生意外，人們都很尊敬牠。

　　有一天，一位大陸來的風水師，看了這片淺色的土，就說這是個風水很好的穴，如果埋葬在此，後代必能發達出大官。這個消息很快就被其他村子的人知道，就去找風水師破壞風水，土也變回原來普通的顏色。從此漁民出海，就時常發生意外，所以漁民便在原本的土地上蓋一間廟，取名為「萬善公廟」。漁民出海捕魚，看到這間廟，就像看到當初的白馬一樣，可以繼續保佑他們。

講述：薛祖舉、四十四歲、漁、國中、國語、父女
採錄：薛曉琪
時間：八十七年十二月十二日
地點：西嶼鄉內垵村

（三）

　　老一輩的說，從前大陸有一位進士，也有人說是雙頭掛的蔡進士，要從大陸到台灣。船來到外垵，遇風翻船，進士的白馬，在外垵附近平安游上岸，進士卻不幸淹死。因為失去主人，白馬獨自在海邊找了主人三天，哀鳴了三天，最後就傷心的死了。牠死掉的地方，後來出現一大片白沙，很像一匹馬的形狀。在我小的時候，這匹白馬還看得非常清楚，現在已經不像了。

　　聽我外婆說，那匹馬從前還會哭，在天亮前大約四五點的時候，會聽到馬啼聲，還有哀號的嘶鳴聲，清晨要出去討海的人，都會聽到馬的哭聲。漸漸的，這裡就變成一個活的白馬穴，不過現在白馬穴已經沒有了。因為國軍來這裡駐守的時候，在白馬的肚子挖了一口井，聽說剛挖的時候，井流出來的水是紅色的，就像白馬在流血一樣，這樣白馬穴就被破了。之後，再也沒有聽到馬的哭聲，所以現在去看那匹白馬，已經不像了。

　　以前多天從內垵國小騎腳踏車到外垵，在轉彎的地方會有一陣風吹上來，直接把車子吹到白馬坡上。如果反方向從外垵下坡時，車子反而要出力踩的半死，因為這裡的風很大，大家都把這個風叫做「白馬崎風」。

講述：顏開發、六十歲、初中、台語、父女、聽岳父講述
採錄：顏慧嬋、顏鈺金、葉淑屏、馬金足、吳錦惠、曾筱芸
時間：八十九年十二月十五日
地點：馬公市西文里

【後記】

　　據澎湖時報報導：乾隆三十年間，因澎湖發生旱災，官府派員至澎賑災，船隻不幸在內垵外海遇風翻覆，船上一百二十多位人員全都死亡，僅存一匹白馬泅上岸。白馬上岸後，見主人溺斃，隨即仰天長嘶，奔馳入海殉主而亡。村民為悼念白馬忠義，遂將此地命名為「白馬崎」。次年，將罹難人員安葬於白馬崎，並肇建濟安宮於坡上。

通梁、橫礁的傳說

　　以前人們都說：「通梁一欉榕，橫礁無角間。」通梁的古榕樹，是有人在海邊撿來種的，但樹愈長愈大之後，變得有靈感。每年到了收成前，若是樹上的葉子有長蟲，便表示今年是「歹年冬」，收成會非常不好。

　　「橫礁無角間」是傳說只要橫礁村裡的廟，蓋好兩個對稱的角，村莊便會出現一些不好的妖魔鬼怪，比如黑狗精、雞精之類的。有一次，出現了一隻雞精，雷神為了捉住雞精，一聲巨響，打壞廟的一邊角才捉住雞精。所以後來有一段很長的時間，村裡的廟都只有一邊有角。因為傳說，只要修好另一邊的角，村裡便會再出現妖精。但這是很古老的傳說了，現在沒有人會再相信這樣的事了。

講述：楊秋李、女、四十八歲、台語、小學
採錄：陳瑋琇、蘇靜琪（母女）
時間：民國九十年六月三十日
地點：馬公市三多路

西台古堡的傳說

　　西台古堡很陰涼，而且有陰森森的感覺，有人說裡面有
一個鬼門，農曆七月十五時鬼門會打開，放出許多鬼怪，八
字低的人可以看到。又有人說，有個阿兵哥曾在裡面看到一
條大蛇，非常大而且很粗。可是牠並沒有傷害阿兵哥，可見
那條蛇是善良的，應該只是在古堡裡面修行的。

講述：薛老先生、七十八歲、識字、台語
採錄：蕭雅萍、林怡萱、黃蕾意、吳曉惠、鄭雅芳
時間：八十七年十一月十日
地點：白沙鄉通梁村

姑婆嶼風缺的由來

　　據說一百多年前，二崁有陳領、陳邦兩兄弟，他們在台
南做中藥生意，賺錢之後分家，陳領留在台南繼續做中藥店
的生意，陳邦決定回二崁建造一間大厝，好好享受他的晚年。

　　以前要建造一棟好房子，需要很多質地堅硬且無裂痕的石材，陳邦派人四處尋找建材，最後在姑婆嶼山脈的中央找到需要的石材。他派人去姑婆嶼挖掘，再用竹筏將石材載回二崁蓋祖厝。因為挖了很多，從此姑婆嶼山脈中央便缺了一個大窟窿，無法抵擋強大的風勢，這就是姑婆嶼風缺的由來。

講述：陳俊達、四十二歲、高中、國台語混用
採錄：呂嘉鳳、高詩淳、歐靜霖、王竹君（親戚）
時間：九十年五月二十五日
地點：馬公市東衛里

鳥嶼相關傳說

（一）

　　鳥嶼最早是由荷蘭人開始的。很久以前，有一艘荷蘭船經過這裡，大概是遇到壞天氣，就靠港登陸。後來有一個人生病，船上的人就不敢讓他上船，只留三條地瓜給他。生病那人一直哀求同伴帶他走，但同伴還是決定丟下他。那人就發誓說：「如果我死了，我絕對不放過你們，你們就不要再經過此地，不然我絕對要你們和我一樣死在這裡。」

　　後來，那艘荷蘭船又經過這裡，想知道那個人到底是生是死，所以又登陸鳥嶼。結果發現同伴已經死了，所以就找

個地方把他埋葬。當晚,那幾個上岸的荷蘭人,也全部死在
那裡。

之後,慢慢有人從赤崁搬來,所以鳥嶼這裡,大部分都
是從赤崁來的人,也有一些從唐山來的,鳥嶼就這樣開始有
人居住。剛開始有人住時,不知道這裡要取什麼地名,後來
看到東邊那裡,有一個山洞有很多海鳥,就取名為「鳥嶼」。

講述:林志書、三十五歲、工、國中、台語
採錄:陳雪華
時間:八十八年六月七日
地點:馬公市前寮里

(二)

「鳥嶼」為什麼叫「鳥嶼」?有二個說法。一個是說,
這個島由高處向下看,很像一隻鳥。東邊那裡叫「燕仔底」,
像鳥的翅膀,頭部在望斗山,朝向西北方。若退潮時,開船
到遠處看,很像一隻展翅的鳥,所以叫「鳥嶼」。另一個說法
是說,因為島上有很多鳥的緣故。

我們鳥嶼是澎湖主要的丁香魚魚場之一,一到夏季,菲
律賓的候鳥為了覓食,會隨著丁香魚飛來鳥嶼,所以鳥很多。
不過這幾年,菲律賓人都把丁香魚捕完了,所以鳥嶼丁香魚
的產量越來越少,候鳥就漸漸不來了,現在這裡已經不容易

看到成群的鳥了！

　　聽老一輩的說，這裡開始有人，是在道光十五年，有一位姓石的父親帶兩個兒子，來這裡捕魚。他們夏天過來捕魚，冬天再回家鄉去。有一年來捕魚的時候，父親生了重病，父親要兒子把他留在這裡，自己先回家去。因為很多原因，兒子不得已先離開，他們知道父親是不可能活下來了，所以隔年夏天，他們就準備好墓碑，來這裡替父親辦後事。因為父親葬在這裡，於是他們決定在此定居，從此這裡才漸漸出現居民。

　　這裡有一座福德宮供奉福德正神，是新蓋的廟宇，福德宮後面有一座金山殿，供奉保生大帝。傳說當初來鳥嶼的人，不管如何努力，人口就是無法超過一百人，居民只要生到第一百個人，就會有人死掉。後來居民討論的結果，就是請一位保生大帝來這裡「站寮」，人口才開始增多。

　　傳說有個地方，只要下雨就會積水，使得農做物泡水損傷。有一天，一對老夫妻在聊天，太太說：「如果有人可以讓這裡下雨不積水的話，我就打一把純銀的劍給他。」過了幾天，有人來問：「聽說這裡有人說，只要有人可以疏通積水，就要一把銀劍送他是嗎？」大家都說沒有，因為沒有人知道老夫妻的睡前談話，但來人卻很篤定的說有這件事，後來老夫妻趕來，才確認這件事。那人真的就疏通積水救了村莊，老夫妻也信守承諾，打了一把銀劍給人家。後來才知道是保生大帝指引他來的，至今那把劍還放在廟裡面。

　　這裡蓋金龍寶塔的原因，主要是為了要避邪，因為離島

難免有一些不乾淨的東西，所以才蓋這個塔鎮住他們。另外是因爲鳥嶼的地形像展翅的鳥，可是兩邊的翅膀一邊高、一邊低，感覺斜一邊，爲了讓地理平衡，所以就在東邊蓋金龍寶塔，大概已經有七十幾年的歷史了。至於蓋鳥嶼塔的原因，純粹只是鎮邪用。

　　鳥嶼每年農曆的正月十三和五月五日都不出海，[十七]因爲老一輩說，這兩個日子如果出海捕魚，就會一整年捕不到魚。曾經有人不信邪，硬是出海捕魚，結果船在吉貝外海就突然起火燃燒，還好吉貝有人看到，即時救了他。這種事是老一輩的流傳下來的，寧可信其有，不可信其無。

講述：陳阿公
採錄：陳俐吟、楊喻閔、顏肅靜、曾詩涵
時間：九十年六月二日
地點：馬公市前寮里

（三）

　　在鳥嶼東海岸的地方有座母子山，地形奇特，是兩座山脈連在一起，就像母子一樣，所以叫母子山。傳說從前這裡

十七　筆者向鳥嶼村長求證，村長回答：「鳥嶼只有五月五日一天不出海，正月十三好像是吉貝不出海。」至於原因則不知道，從以前就是這樣。

有對母子相依為命，有天孩子外出捕魚卻一去不返，母親非常思念孩子，就每天到這個山頭呼喚孩子，希望孩子可以聽見呼喚而早日歸來。後來母親因為傷心過度而死，當地居民就叫這座山為「母子山」。鳥嶼的小孩常被大人警告，若爬到母子山的山頂，便會升天再也回不來，因此當地的小孩都不敢去爬母子山。

　　鳥嶼西邊有個沙灘，居民俗稱「活龍灘」，在沙灘最西處有一座「金龍寶塔」。相傳古時候鳥嶼西南海域這裡，經常發生船難，居民以為是地龍翻身，引起驚濤駭浪所致，所以建了「金龍寶塔」來鎮住這條地龍。另外有人說，活龍灘為一龍穴，居民為了不讓龍飛走，就在活龍灘末端建塔，將金龍留住，藉以庇佑居民。

講述：涂況淨、五十二歲、教師、大學、國語
採錄：魏佳君、蕭心如、魏雅嫻、雷雅雯、許梅君
時間：八十七年十二月十三日
地點：白沙鄉鳥嶼村

國家圖書館出版品預行編目資料

澎湖民間傳說故事／姜佩君編著. --初版. --
澎湖縣馬公市：姜佩君，民 109.08
　　面；　公分
ISBN 978-957-43-7854-8（全套：平裝）

539.533/141　　　　　　　　109010159

澎湖民間傳說故事（上）

編　　著　姜佩君
校　　對　姜佩君
專案主編　黃麗穎
出　　版　姜佩君
　　　　　E-mail：pgjium@npu.edu.tw
設計編印　白象文化事業有限公司
　　　　　專案主編：黃麗穎　　　經紀人：張輝潭
經銷代理　白象文化事業有限公司
　　　　　412台中市大里區科技路1號8樓之2（台中軟體園區）
　　　　　出版專線：（04）2496-5995　　傳真：（04）2496-9901
　　　　　401台中市東區和平街228巷44號（經銷部）
　　　　　購書專線：（04）2220-8589　　傳真：（04）2220-8505
印　　刷　普羅文化股份有限公司
初版一刷　2020 年 8 月
初版二刷　2022 年 6 月
套書定價　560 元

白象文化
www.ElephantWhite.com.tw

印書小舖
PressStore 出版新紀元

出版・經銷・宣傳・設計

自費出版的領導者

購書 白象文化生活館